TERRORYSTA

MICHAŁ WÓJCIK W ROZMOWIE Z
JÓZEFEM PIŁSUDSKIM

WIELKA LITERA

Projekt okładki
Andrzej Wąsik

Redakcja
Magdalena Szczęsny-Mrówczyńska

Korekta
Anna Sidorek

Copyright ©by Michał Wójcik, 2018
Copyright ©Wielka Litera Sp. z o.o., Warszawa 2018

Wielka Litera Sp. z o.o.
ul. Kosiarzy 37/53
02-953 Warszawa

Skład i łamanie
Plus 2 Witold Kuśmierczyk

Druk i oprawa
Opolgraf S.A.

Wydrukowano na papierze Ecco-Book Cream 80 g/m^2, vol. 2,
dystrybuowanym przez firmę Antalis Sp. z o.o.

ISBN 978-83-8032-283-7

Gdzie woń róż, jest woń kloaki, Kopciuszek zatracony – bajki i prawdy, kwiaty i ciernie, burdel i kurwy, szpicle i oberszpicle. Reklama i majtałasy, sukienki w górę, tan się zaczyna! Pan bogaty i możny! Czy marka, czy korona – wszystko jedno...

Józef Piłsudski, 1925

ZAMIAST WSTĘPU

Przyznaję bez bicia! Ten wywiad to prowokacja. Mało tego. Ten wywiad – Boże, co ja wyprawiam?! – to manipulacja. Tak właśnie jest. Jedyne co mam na swoje usprawiedliwienie, to taki medialny fakcik: nie tylko ja wpadłem na pomysł wywiadu z Marszałkiem, którego nie udzielił. Tak samo zrobił niegdyś znany pisarz i dziennikarz Adolf Nowaczyński. Tyle, że jemu było łatwiej. Z dwóch powodów.

Po pierwsze, Nowaczyński żył w czasach Ziuka. W gorącym roku 1926 skomponował z jego wypowiedzi słynny już tekst *Złote myśli Józefa Piłsudskiego*. Nic do tego, co sam Marszałek powiedział, nie dopisał. Diamentem w koronie tej antologii cytatów było zdanie: „Wybrałem zatem inną karierę, mającą również styczność z prawem, którą jednak boję się wam odsłonić. Stałem się bowiem zawodowym kryminalistą".

Tak, Naczelnik, Komendant i Wódz, w końcu premier i pierwszy Marszałek Polski rzeczywiście przyznał się kiedyś, że był gangsterem. Napadał przecież na pociągi, organizował zamachy terrorystyczne. Wielu działaczy PPS-u i jego towarzyszy walki to wiedziało. Dziennikarz uznał jednak, że nie ma co tego ukrywać. Opinia publiczna niepodległej już Rzeczpospolitej powinna wiedzieć, kogo ma za przywódcę. No i się sparzył. A raczej zapłacił wysoką cenę za swoją prowokację. Został napadnięty, pobity, stracił oko. Bili go „nieznani sprawcy". I on, i my doskonale wiemy, kim byli. Chłopcy Piłsudskiego od brudnej roboty potrafili przylać.

To po pierwsze. A po drugie, było mi trudniej przeprowadzić tę „rozmowę" niż Nowaczyńskiemu z prostego powodu: Piłsudski nie żyje już od wielu lat. Dlatego jeszcze raz chciałbym wyraźnie napisać: ten wywiad to żart. Hej, miłośnicy Komendanta! Proszę to wziąć pod uwagę. Bo Nowaczyński tego nie zrobił. Nie napisał, że to beka. W tamtych okolicznościach żart zabrzmiał jak straszliwe samooskarżenie bohatera. Ja tymczasem oskarżać go o nic nie zamierzam.

W rzeczywistości Józef Piłsudski sam przyznał się do kryminalnej przeszłości. Zrobił to 29 kwietnia 1921 roku, wznosząc toast na cześć profesorów Uniwersytetu Krakowskiego w Hotelu Saskim w podzięce za tytuł doktora *honoris causa*. Zrobił to z uśmiechem na ustach, samemu wywołując śmiech. Wtedy padło to słowo: kryminalista. A jednak na papierze, w innym kontekście, słowa te zabrzmiały nieco inaczej. Ja takiego zamiaru zmiany znaczenia słów nie mam.

W tym moim wywiadzie Marszałek wali prosto z mostu. Grzmi tak, że się ziemia trzęsie. A czasami wsadza taką szpilę przeciwnikom, że aż mnie siedzenie bolało.

Czy zatem ten „wywiad" A.D. 2018 jest zabawny? Pewnie miejscami tak, ale – przyznaję znowu bez bicia – miejscami. Bo gdy „rozmawiałem" z Marszałkiem, generalnie nie było mu do śmiechu. Był raczej nostalgiczny, jakby melancholijny, refleksyjny, opowiedział mi nawet bajkę.

Zapewniam jednak, że wszystko powiedział naprawdę. To wszystko jego słowa. Ich zdecydowana większość pochodzi bowiem z *Pism zbiorowych*, dziesięciotomowego wydania jego różnych mów, rozkazów i listów. Do druku podali je jego współpracownicy. *Pisma* wyszły jeszcze przed wojną. Uzupełniłem je o niepublikowane wówczas dokumenty, które pojawiły się już po wojnie i *voilà*: oto rozmowa z Dziadkiem! W dodatku: niecenzurowana. Taka w latach trzydziestych byłaby absolutnie niemożliwa. Te fragmenty, w których język Marszałka jest bardziej soczysty, niż oficjalnie przystoi – jestem przekonany – jego literaccy pretorianie by nam zwyczajnie wycięli.

Ofiarą marszałkowskiej cenzury padł przecież wybitny historyk Władysław Pobóg-Malinowski, który skrupulatnie zbierał jego wypowiedzi, a potem część z nich opublikował. I wtedy w środowisku byłych towarzyszy Marszałka aż się zagotowało. Jak można?! Toż to skandal!

A historyk po prostu przypomniał wypowiedzi patrona, o których jego następcy chcieli już zapomnieć. Pobóg-Malinowski nie podzielił losu Nowaczyńskiego. Nie został pobity. Do końca życia miał jednak zablokowane archiwa. Odchorował to i zmarł ze zgryzoty.

Mam nadzieję, że mnie to nie spotka.

I jeszcze jedno: z ręką na sercu mogę powiedzieć, że starałem się tak „prowadzić rozmowę", aby nie sfalsyfikować tła i kontekstu. Słowa, zdania i duch wypowiedzi są absolutnie Piłsudskiego. Mam także nadzieję, że kilka kwestii, o które szczególnie mi chodziło, zabrzmiało głośno i wyraźnie. Dotyczą przede wszystkim najważniejszego dzieła mojego „rozmówcy": Polski.

Bo wolna i niepodległa Polska była autorskim projektem Józefa Piłsudskiego. Wyśnił ją sobie, potem latami dopracowywał szczegóły, następnie realizował z towarzyszami projekt, a gdy nadarzyła się okazja, przystąpił do budowy, a potem, gdy Polska już się pojawiła na mapie, brawurowo jej bronił, dowodząc polską armią. Nie był z projektu zadowolony do końca, ale stał na jego straży do śmierci. Nie odpuścił!

Historyk profesor Ryszard Świętek, który bardzo pomógł mi w pracy nad „wywiadem" (zebrał i świetnie opracował maksymy Marszałka), jest podobnego zdania. W przedmowie do swojej książki napisał, że Piłsudski był wielkim burzycielem współczesności i budowniczym nowego porządku. To był jego porządek. Porządek, który – zdaniem Marszałka – powinien obowiązywać wszystkich Polaków.

„Był rewolucjonistą – pisał Świętek – w sferze polskiej duszy, operując natchnioną wizją przyszłości. Realizując projekt «Polska», specjalnie się na nikogo nie oglądał. Brał z innych koncepcji, co chciał, i parł do przodu".

„Józef Piłsudski żył dla wolności – wolności świadomej, utożsamionej z pierwotną potrzebą ducha, w jego prymacie wobec otaczającego świata, i rozumianej w kategoriach sumienia, walki dobra ze złem i moralnej odpowiedzialności. Wolność odnajdywał w sztuce życia, wielkich ideach, wyższych wartościach i prawości obyczajów, będąc nieugiętym i surowym w tym względzie dla siebie i innych, co wypływało z wrodzonej mu dumy i szlachetności. Cechowało go twarde wyczucie życia, moc oraz hardość charakteru, a przy tym głęboka kultura umysłowa, bez obciążeń niewoli. Za powierzchowną szorstkością skrywał dobroć i ujmujące usposobienie człowieka, który kochał życie" – kontynuował Świętek. Już z tej krótkiej charakterystyki przebija wielki szacunek historyka dla Piłsudskiego.

Na nieco inne jego cechy, już niekoniecznie tak pozytywne, zwrócił z kolei uwagę profesor Tomasz Nałęcz. Z jego opracowania przebija autokreacja Marszałka i jego dość trudny charakter.

Polska – tu się historycy zgadzali – była dla Piłsudskiego wartością najwyższą. Ale Polacy – już niekoniecznie. W zasadzie – bywało – Piłsudski gardził Polakami, pewnie nie wszystkimi, ale naród polski – jako całość – nie stał u niego na piedestale. Pod adresem Polaków wypowiedział wiele brutalnych sądów. Chyba za długo Polacy żyli pod zaborami, a Piłsudski, który miał fenomenalny „wzrok, słuch i czucie" nastrojów, widział wiele haniebnych zachowań, przede wszystkim jednak apatię i prywatę, które w kontekście narodowym były dla niego nie do zaakceptowania. Bo Polak – w jego kosmosie – mógł być tylko wolny albo żaden. I zasadą tą zaraził najpierw socjalistów w PPS-ie, a potem wielu innych aktywnych działaczy niepodległościowych.

Bo gadane to Ziuk miał fenomenalne! Zbierając materiały do książki, byłem pod kolosalnym wrażeniem jego języka. Mówił barwnie, z pasją, takie słowa i zwroty łatwo wpadają w ucho. Układają się w tak przekonujący wywód, że dopiero chłodna analiza po czasie może wyłowić nieścisłości. Józef Dąbrowski, działacz PPS-u, ich pierwsze spotkanie zapamiętał tak: „Mówił apodyktycznie i z wielką pewnością siebie, celował przy tym doborem «szlagwortów» bardzo obrazowych i jędrnych". Tyle tylko – studził te zachwyty starszy brat Józefa Piłsudskiego, Bronisław – że za tymi słowami, nie zawsze szedł czyn. Józef bowiem, od małego stawiał siebie na pierwszym planie: „wiele gada (a mało robi), a durni wierzą mu i zachwycają się nim…".

Widocznie tych durniów ponad sto lat temu było bardzo wielu. Raczej tłum. Więcej! Były ich tysiące. Bo tysiące uwierzyły w jego gadanie, a potem – fakt, że często pod wpływem gigantycznej machiny propagandowej – go pokochały.

Właśnie ta miłość tłumów od lat fascynuje historyków. Arcyciekawą hipotezę, dlaczego tak się działo, postawił lata temu profesor Nałęcz. Jego zdaniem Ziuk nie wszystko zawdzięczał sobie. Wiele zawdzięczał temu, że pojawił się w odpowiednim czasie, w odpowiednim miejscu, z odpowiednim przekazem.

Nałęcz zwraca uwagę na pewien fenomen kulturowy. Przed I wojną światową w epoce modernizmu ukształtował się w polskiej kulturze, za sprawą m.in. Wyspiańskiego, kult bezimiennego herosa, który budził, krzepił i grzał narodowe „silniki" w czasach, kiedy Polski nie było jeszcze na mapie Europy. Na razie jednak czekał, trochę jak śpiący rycerz spod Giewontu. Nie łączono tej postaci z nikim konkretnym. Jan Pietrzycki w wierszu *Nienazwanemu wodzowi* pisał o nim tak:

A kiedy przyjdziesz wziąć wodzostwo ducha,
niech głosu twego każdy hufiec słucha –
I niech na szańcach w boju dzień ofiarny
Każda ci tarcza i miecz będzie korny!

I gdy w socjalistycznym podziemiu pojawił się „tajemniczy Litwin", charyzmatyczny Ziuk, działacze konspiracyjni właśnie w nim dostrzegli personifikację siły i mocy.

W 1901 roku Gustaw Daniłowski w powieści *Z minionych dni* już nie owijał w bawełnę. Bohaterem uczynił Wiktora (kon-

spiracyjny pseudonim Piłsudskiego) Gintowta. Wszyscy wówczas wiedzieli, że to aluzja do protoplastów Piłsudskiego Gine-
tów-Ginwiłdów.

Mijały lata, a fama o charyzmie wąsatego Litwina rozcho-
dziła się coraz szerzej. Bojowiec stał się wręcz niezastąpionym
klejnotem. Piłsudski chyba był świadom tego procesu. Sam zaczął mistyfikować swój życiorys, „tworzył" własny etos, opowiadając o ponadludzkich wręcz czynach i działaniach. Gdy
wybuchła wojna, oczekiwanie na przebudzenie tajemniczego
rycerza, a także odrodzenie Polski i odzyskanie niepodległości,
znalazły w nim wspólny mianownik.

Aureola Wodza Narodu, która otaczała Komendanta Strzelców, a potem Legionistów, zrosła się z nim już nierozerwalnie.

Egzaltacji ulegały już nie jednostki, a tłumy. Jan Hupka,
konserwatysta krakowski, spotkanie z Piłsudskim opisał tak:
„Zachwycił nas wszystkich – twarda, szczera natura żołnierska,
od której bije energia i rozum". Piłsudski musiał zatem zostać
herosem, bo takie było oczekiwanie społeczne. Patrząc na Ziuka, wielu zdawało się, że to książę Józef wstał z grobu.

Równocześnie Piłsudski uruchamia, albo pozwala urucho-
mić, wielką machinę pijarowego wsparcia. Powstają o nim pisma, druki ulotne, artykuły w prasie. Poeci piszą wiersze,
a pisarze książki. Powstaje mit człowieka, który w okresie konspiracji poświęcił ojczyźnie absolutnie wszystko. Który kształ-
cił się na wodza w niezwykle twardych warunkach. Zawsze
w jednej kapocie, z maciejówką na głowie, w drodze, bez pieniędzy. Spał w kościołach, w pociągach z miasta do miasta,
umykał żandarmom z torbą pełną nielegalnych druków. Le-
gendzie tej uległa zarówno lewica, jak i konserwatyści.

Śpiewano wtedy:

Jeszcze Polska nie zginęła,
Póki Strzelcy żyją,
Co nam chciwość wrogów wzięła,
To Strzelcy odbiją!
Marsz, marsz Piłsudski,
Z Tobą łaska Boża,
Zbudujemy Polskę
Od morza do morza!

Piłsudskiego wyposażono nawet w nadprzyrodzone moce. Przecież bitwa warszawska z Armią Czerwoną u wrót Warszawy w 1920 roku, w której Komendant objawił wojskowy geniusz, to był „cud nad Wisłą". Matka Boża otuliła polskie szeregi swoim płaszczem. Wielu to widziało, wielu wierzyło, choć akurat ci, którzy wymyślili to określenie, z Komendanta chcieli najzwyczajniej zakpić.

Wielkie otrzeźwienie, a potem kac przyszły w 1926 roku, gdy Piłsudski zorganizował zamach stanu! Jak wielki musiał być to szok. Ale nie dla wszystkich. Niektórzy przejrzeli na oczy dopiero w 1930 roku, gdy część parlamentarzystów została osadzona w Brześciu. Innych obudziła dopiero Bereza Kartuska. A jeszcze inni śnili dalej. I nie przeszkodziła w tym ostatnia wojna.

Ale ta książka to nie biografia Piłsudskiego. Nie zamierzam tu streszczać setek i tysięcy naukowych o nim opracowań. To jego książka. Niech on sam przemówi. Niech sam się tłumaczy. Niech opowie, co nim kierowało, o czym marzył przed odzyskaniem niepodległości, co go ukształtowało, co spowodowało, że stał się tym, kim był. Taki był cel naszych „spotkań i rozmów".

Mogę mieć tylko nadzieję, że wielki budowniczy odrodzonej Rzeczpospolitej będzie szczery i otwarty.

Panie Marszałku, pamięta pan, gdy po raz pierwszy nagrywał swój głos dla potomnych, powiedział pan, że chciałby, aby pozostała po panu „prawda o śmiechu". To była dziwna prośba, bo wielu uznało to za testament.

Powiedziałem, że najzabawniejsza jest myśl, że kiedy mnie już nie będzie, mój głos będzie sprzedawany za trzy grosze gdzieś na jarmarkach, prawie na funty.

Tymczasem okazało się, że pana głos jest za darmo. To nasza książka będzie sprzedawana. Tyle że na pewno nie za trzy grosze. I nie na jarmarkach…

…jak pierniki, prawie jak łuty, jak jakie cukierki.

No więc tak na pewno nie będzie. Pan już sobie żartuje, a ja chciałbym, abyśmy porozmawiali szczerze nie tylko o rzeczach zabawnych. Chciałbym porozmawiać o sprawach poważniejszych. Jeśli ma być śmiech, niech będą i łzy.

Jako dobry żołnierz, umiałem śmiać się wesoło, gdy życiu niebezpieczeństwo groziło. I gdy przed tą maszynką stoję…

…to dyktafon.

…wciąż mnie jedna myśl prześladuje, bym mógł uwiecznić nie głos, lecz śmiech.

Z uwiecznieniem śmiechu na papierze będzie trudniej, ale zgoda: niech ta rozmowa zatem będzie jak przeplataniec. Trochę do śmiechu, trochę do refleksji. Możemy się tak umówić?

Śmiać się na zamówienie nie umiem, lecz powiem panu jedną uwagę z powodu śmiechu. Witaliśmy Polskę nie dźwięcznym

śmiechem odrodzenia, lecz jakimś kwasem śledzienników i jakąś zgryźliwością ludzi o chorych żołądkach.

**Panie Marszałku, właśnie o tym pana zgorzknieniu, o tych
brutalnych niekiedy działaniach wobec rodaków, strasznych
słowach, które pan pod ich adresem powiedział, również
chciałem porozmawiać. A jeśli chodzi o śmiech…**

…niech się śmieją polskie dzieci śmiechem odrodzenia, gdy
wy tego nie umiecie!

**Amen. Zacznijmy od odrodzenia Polski. Od jej nowego po-
czątku. Właśnie obchodzimy stulecie niepodległości. A przecież wypadki 1918 roku nierozerwalnie związane są z panem. Gdyby nie pan, wszystko potoczyłoby się inaczej.**

Ni z tego, ni z owego mamy Polskę na pierwszego…

**Sama się nie zrobiła. Chciałbym, aby o tym również była ta
książka. Tymczasem dziś mamy i Polskę, i wolnych Polaków.
Jednak pan zawsze o nas mówił w przejmujących i bardzo
gorzkich słowach. Brutalnych. Wręcz złych. Dlaczego?**

Bo Polacy nie są zorganizowanym narodem, który można
przekonać i kierować drogą rozumową. To jest kupa lotnego
piasku, który porusza się dopiero wtedy, gdy umiejętnie się wy-
tworzy wiatr silny w odpowiednim kierunku.

Kiedyś powiedział pan to dosadniej.

Naród wspaniały, tylko ludzie chuje.

No właśnie.

Warcholstwo polskie nie zna granic, ale zatrzyma się przed morderstwem. Instynkt morderstwa obcy jest naturze polskiej. Również obcy jest Polakowi instynkt zniszczenia. Polak raczej ukradnie, niż zniszczy.

Doprawdy? Cóż, wiele można o panu powiedzieć, ale na pewno nie to, że owija pan w bawełnę.

Wie pan co? Bo mam już dosyć! Wytworzyłem całe mnóstwo pięknych słówek i określeń, które po mojej śmierci zostaną, a które naród polski stawiają w rzędzie idiotów. Takiego Piłsudskiego, jak go przedstawiają moi współcześni, ja nie znam. Są to najczęściej fałsze i brednie… A ja chciałbym, aby coś z prawdy o mnie przeniknęło do potomności…

Zawsze szczerze i do bólu. Panie Marszałku… Naczelniku… Ziuku wreszcie – czy to, co pan robił, mówił, do czego namawiał przez lata Polaków, czy to wszystko nadal jest aktualne?

Nie mnie oceniać. Ale wiem jedno: choć nieraz mówię o durnej Polsce, wymyślam na Polskę i Polaków, to przecież tylko Polsce służę.

Źródła:

Daria i Tomasz Nałęcz, *Józef Piłsudski – legenda i fakty*, Wydawnictwo M.A.W., Warszawa 1987.

Józef Piłsudski, *1926–1930: przemówienia, wywiady, artykuły*, zebrali i do druku przygotowali Antoni Anusz i Władysław Pobóg-Malinowski, Towarzystwo Wydawnicze „Polska Zjednoczona", Warszawa 1931.

Józef Piłsudski, *Maksymy. Idee, uwagi, myśli*, zebrał i wydał Ryszard Świętek, nakładem RSE Poland, Warszawa 2005.

Józef Piłsudski, *Pisma zbiorowe*, wydanie prac dotychczas drukiem ogłoszonych, Krajowa Agencja Wydawnicza, Olsztyn 1989–1991, t. 1–10 (wszystkie cytaty z *Pism zbiorowych* pochodzą z tego wydania).

ROZDZIAŁ 1
ŻYCIE TO WALKA

Wot, buntowszczik... Przylgnęło do pana to określenie. Za cara.

Z powodu ogona protokołów.

Pierwszy wyrok: pięć lat katorgi. Miał pan wtedy dziewiętnaście lat i całe życie przed sobą. Tymczasem już na starcie w dorosłe życie taki cios: kraty. Straszne...

Ależ spokojnie! Przede wszystkim: spokojnie. Zawsze powtarzałem, że jedną z największych cnót żołnierza jest opanowanie i płynący stąd spokój. Żołnierz, a tym bardziej oficer z „nerwami" niewiele wart. Jak na koniu z zerwanymi nogami w galopie, tak na żołnierzu z „nerwami" w chwili niebezpieczeństwa i kryzysu polegać nie sposób.

Łatwo powiedzieć po latach. Ale wtedy aż taki spokojny pan nie był. Już na samym początku zesłania w 1887 roku dał się pan we znaki żandarmom. Irytujący chojrak.

To prawda. Różne były tarcia z oficerami. Jeden gdzieś w guberni Jenisiejskiej po awanturze napisał na nas donos. Żeśmy wyłamali dach w celu ucieczki, co było wierutnym kłamstwem.

Oczywiście. Był pan na czele tego buntu?

No skąd! Wyższa władza przestraszona rzekomą próbą ucieczki oraz oburzona na naszą bezczelność, dała depeszę do wszystkich oficerów, z którymi po drodze mieliśmy się spotkać, aby w obejściu z nami być „grzecznym, ale srogim" i w razie jakiegokolwiek oporu zakuwać nas wszystkich w łańcuchy ręczne i nożne.

Tak się zrodziła zła fama: uwaga, nadciąga „partija buntowszczikow". Komendanci etapów czekali na was jak na najgorszy sort.

Ten dziwaczny okólnik stawiał prawie każdego oficera, napotkanego w drodze, na stopie wojennej względem nas.

Widział pan kiedyś skazańca, który poczuwałby się do winy?

Przy tym czy innym zajściu rzeczywiście byliśmy winni. Do tego muszę się przyznać. Wymagaliśmy nieraz od oficerów lub władzy więziennej rzeczy nielegalnych, takich, które stoją w sprzeczności z ustawą więzienną. To wywoływało awantury, gdy się miało do czynienia z oficerem, który za nić przewodnią w stosunku z nami obrał sobie nie pierwszą, lecz drugą połowę nakazu i postanowił być nie tyle „grzecznym", co „srogim".

Panie Marszałku, celowo zacząłem naszą rozmowę od wspomnień więziennych. Chciałbym, abyśmy skupili się na wydarzeniu, które – chyba mogę tak powiedzieć – zmieniło pana życie. Zamieniło pogodnego dotąd człowieka w bojowca pełnego furii i gniewu. Wyżłobiło w pana duszy piętno, dzięki czemu stał się pan tym, kim jest. Chodzi mi o bunt w Irkucku.

To był przedostatni etap w drodze do Kireńska, miejsca pierwszej odsiadki. Oto pan i „parszywa dwunastka".

Gdy dojechaliśmy do Irkucka, ośmiu z nas mieszkało w „sekretnym" korytarzu, w sześciu celach. Reszta – pięciu, i ja pomiędzy nimi – w osobnej dużej celi na parterze więzienia. Cela ta była naszym klubem i jadalnym pokojem. Przepisy pozwalały nam na włóczęgę po więzieniu w przeciągu dnia całego bez przeszkody. Zamykano nas w celach tylko na noc – od szóstej wieczorem do szóstej rano.

I komu to przeszkadzało?

Oprócz nas – trzynastu mężczyzn – były trzy towarzyszki, mające również w przyszłości jechać z nami na Lenę. Miały one w swym rozporządzeniu aż sześć cel w „sekretnym" korytarzu oddziału kobiecego. Czas spływał na rozhoworach o przyszłości, o warunkach wygnania, na szachach, czytaniu książek. Od czasu do czasu wpadało do więzienia wyższe jakie „naczalstwo" – pułkownik żandarmerii, prokurator, policmajster, nawet sam jenerał-gubernator Wschodniej Syberii, hrabia Ignatiew. Każdy z tych panów uważał nasze położenie za zbyt dobre i zwracał uwagę dyrektorowi więzienia – poczciwemu, lecz słabemu człowiekowi – na konieczność rygoru więziennego. Nie brakło też i pretensyj z naszej strony.

Za co?

Za zatrzymywanie naszych listów. Spostrzegliśmy, że listy od naszych krewnych i bliźnich, listy, których z takim upragnieniem oczekiwał każdy z nas, leżały u p. prokuratora tygodniami całymi, dopóki wreszcie raczono je przejrzeć i odesłać do więzienia. Oburzeni posłaliśmy wszyscy jednobrzmiące, nieco obraźliwe komunikaty swoje do prokuratora, zwracając mu uwagę na niestosowność takiego postępowania. Prokurator okropnie się na nas obraził i zaczął nastawać, by zmniejszono nasze przywileje więzienne.

No i się doigraliście.

Jeden z naszych kolegów, niejaki Cejtlik, miał jako narzeczoną jedną z towarzyszek. Pozwolono im widywać się co dzień w kancelarii więziennej w przeciągu godziny. Otóż w czasie takiego widzenia wszedł do biura więziennego p. policmajster. Cejtlik nie zauważył go i nie powitał ani ukłonem, ani słowem. Policmajster wpadł na niego, wymyślając mu po grubiańsku. Kolega nie został mu dłużnym. Wtedy rozwścieklony policmajster kazał go wsadzić na trzy dni do karceru, Cejtlik wyskoczył z biura i wpadł do naszej celi, opowiadając o tym, co zaszło. W jednej chwili byliśmy już zebrani w naszej celi i postanowiliśmy nie pozwolić na wykonanie wyroku.

Przecież to bunt!

Pomocnik zawiadowcy więzienia zawołał Cejtlika do karceru. Oświadczyliśmy, że nic z tego nie będzie. Nie pozwolimy na tę krzywdę. Pomocnik odszedł, po chwili jednak wrócił w asystencji oficera, dowodzącego strażą wojskową w więzieniu, i piętnastoma żołnierzami. Raz jeszcze zaproponowano nam wydać kolegę władzy więziennej i po odmowie przypuszczono na nas szturm.

Oficer dowodzący żołnierzami, widocznie porządny człowiek, nie pozwolił na użycie zwykłej w takich wypadkach broni – okutej żelazem kolby karabinowej – i raz po raz krzyczał: „Ostrożnie, chłopcy, karabinami nie ruszać, brać rękami!". Po chwili, jak oficer, tak pomocnik zawiadowcy, którym najwidoczniej się chciało uniknąć grubszej awantury, zaprzestali ataku i jeszcze raz spisano wobec nas protokół o niegrzecznym naszym zachowaniu się. Potem oficer ukłonił się i wyszedł razem z żołnierzami z celi.

Nieprawdopodobne, że się z wami tak cackali!
Widocznie policmajster nie odważył się robić większej awantury bez wyraźnego pozwolenia wyższej władzy.

Ale w końcu rozkaz przyszedł.
Zgodnie z rozkazem policmajstra, dozorca więzienny zamknął wszystkie cele w korytarzu „sekretnym". W naszej jednak celi przeszkodził mu w tym kolega Daniłow, któremu zresztą dozorca nie stawiał oporu, bo sam nie rozumiał powodu tej nagłej zmiany i przypuszczał, że zaszła jakaś omyłka. Wszystko było w porządku, nim nareszcie obudzili się koledzy w „sekretnym" korytarzu, o których my w dużej celi nie wiedzieliśmy. Ich krzyki wywołały nas na podwórze. „Zamknięto nas!" – krzyczeli nam przez okno. Wołamy na dozorcę, by otworzył, ten nie chce! Zaczęła się narada. Ogólne mniemanie było takie, że prawdopodobnie w ten sposób chciano nas rozdzielić. Rozzuchwaleni utarczkami z władzą, postanowiliśmy wyłamać drzwi w celach naszych kolegów i oswobodzić ich z zamknięcia siłą.

To było głupie, przyzna pan.
Teraz, gdy to sobie przypominam, gdy doświadczenie i wiek wytworzyły w mych żyłach sporą dozę chłodnej krwi, rozumiem, że przede wszystkim należało porozumieć się z zawiadowcą więzienia. Paktowanie z nim było możliwe. To by

doprowadziło do jakiegoś kompromisu. Lecz wówczas nie chcieliśmy rozumować.

Co się działo dalej?

Uzbrojeni w drągi i pałki, wpadliśmy na korytarz „sekretny". Dozorca z pałaszem i rewolwerem flegmatycznie przechadzał się po korytarzu, paląc fajkę. „Otwórz! – zawołaliśmy na niego – bo będziemy łamać drzwi!". „Kazano – odparł – zamknąłem. Drzwi – rzecz skarbowa nie moja. – Łamcie, sami za to odpowiecie". I najspokojniej w świecie kontynuował przechadzkę po korytarzu.

Sam przeciwko uzbrojonym w drągi więźniom, nie stracił zimnej krwi?

Ani drgnął. Ale zamek trzymający żelazną sztabę, stanowiący główną zaporę, nie wytrzymał naszych pięciu par silnych rąk, pękł. Drzwi się otworzyły. Następne cztery cele zostały w jednej chwili otwarte tym samym sposobem. Zatrzymaliśmy się dopiero przy szóstej celi, która miała zamek wewnętrzny – wszystkie nasze usiłowania były nadaremne. Otoczyliśmy znowu dozorcę, wymagając, by drzwi otworzył. Teraz się zawahał. Lecz zagroziliśmy mu, że odbierzemy mu klucze przemocą, wtedy ustąpił. Ostatnie drzwi nie zostały zatem uszkodzone.

Okoliczność łagodząca!

Prawda? Ależ zabawny był to widok. Przedstawiciel władzy, dozorca z fajką w gębie, oglądał zakłopotany niezwykłe spustoszenie: wygięte sztaby, złamane zamki. My staliśmy spoceni, tryumfujący, rozradowani i rozśmieszeni. Wreszcie, nie było tu co robić, wyszliśmy na podwórze w podskokach, gwarni i weseli.

Nikt nie interweniował?

Cały dzień minął i nikt nas nie zaczepił. Zdawać by się mogło, że o nas zapomniano. A gdy przyszła godzina szósta wieczorem, nikt nas do cel nie zapędzał. Zostawiono nas w spokoju. To nas zastanowiło – czy nie jest to cisza przed burzą?

To zdumiewające, że na tyle wam pozwolili.

Zebraliśmy się na naradę. Ogólnie zdanie było takie, że władza będzie zmuszona coś przedsięwziąć, że nic dobrego wróżyć nie można z jej dotychczasowej bezczynności. Na wszelki wypadek postanowiliśmy nie rozchodzić się do cel i czekać w kupie dalszego ciągu. Gdyśmy obradowali, usłyszeliśmy za sobą trzask zamykanych drzwi: któryś z dozorców podkradł się i zamknął nas na klucz. Niepokój nasz zaczął wzrastać. Przez zakratowane okno nic nie było widać. Słyszeliśmy tylko jakieś szybkie, lecz ciężkie kroki na podwórzu. Po pewnym czasie do naszych uszu doleciał krzyk niewieści. Poznaliśmy głos jednej z naszych towarzyszek.

Co krzyczała?

Nie mogliśmy zrozumieć. Widocznym jednak było, że nasze koleżanki gdzieś były przenoszone, gdyż krzyk i odgłos kroków wskazywał na kierunek ruchu – od skrzydła kobiecego do bramy więziennej. Rzuciliśmy się wszyscy do drzwi, chcąc je wyłamać, lecz usłyszeliśmy liczne kroki, zbliżające się do naszej celi. I wtedy drzwi z trzaskiem otworzyły się. Na progu błysnęły bagnety i lufy karabinów. Na środek pokoju pędem wpadło z dziesięciu żołnierzy z nastawionymi w naszym kierunku bagnetami. Za nimi policmajster w otoczeniu oficera i władzy więziennej.

Negocjacje?

„Panowie – zwrócił się do nas – musicie być przeniesieni do innej części więzienia; ta cela jest nam potrzebna". „Nam jest wszystko jedno, tu czy gdzie indziej. Żądamy tylko, żeby nam pan przyrzekł, że nasze warunki życiowe nie będą pogorszone" – odpowiedzieliśmy. Chcieliśmy korzystać z tych samych swobód, jakie mieliśmy dotąd. Policmajster nam odparł, że nie może wchodzić w żadne umowy z więźniami. Podnosząc głos powiedział, że oni tu są władzą. „Waszą rzecz jest słuchać i być posłusznym rozkazom władzy" – huknął.

No bo tak to w więzieniu wygląda.

Rozpoczęła się krótka kłótnia. Żądaliśmy stanowczo określenia warunków naszej przyszłej niewoli. Policmajster widocznie się wściekał. „Nie chcecie panowie mnie słuchać – zawołał – posłuchacie czego innego". „Panie poruczniku – zwrócił się do oficera – rób pan, co panu kazano!". No i porucznik wyjął pałasz i huknął na żołnierzy: „Biej ich, rebiata! Cztob dołgo poronili!".

Bijcie ich chłopcy, by długo pamiętali.

Żołnierze, jak wściekłe wilki, rzucili się ku nam z podniesionymi karabinami. Byliśmy skupieni w kącie między piecem i ścianą, ja stałem w pierwszym szeregu. Podniosłem oczy, nade mną była kolba karabinowa. Odsunąłem ją ręką, kolba ześlizgnęła się po czole, lecz w tej chwili otrzymałem kolejne uderzenie kolbą po drugiej stronie głowy, potem drugie, trzecie… Krew zalała mi oczy, zachwiałem się na nogach, w głowie mi się zakręciło… Upadłem. W chwili, gdym się przewracał, żołnierze odskoczyli od nas – był to efekt rzuconej z tylnych naszych szeregów poduszki, która upadła tuż przy mnie. Po chwili zemdlałem, słysząc jeszcze na razie jakiś jęk, nie wiem już, czy z moich, czy innego kolegi ust wydarty. Co dalej było, nie widziałem. Jak mi opowiadał potem jeden z kolegów, z pomiędzy nas trzynastu trzech tylko pozostało na nogach do końca, reszta pomdlała pod uderzeniami kolb żołdackich. Wyciągano nas po kolei z celi na podwórze. Co do mnie, ocknąłem się w objęciach dwóch żołnierzy, którzy już na podwórzu próbowali stawiać mię na nogi. Przyszedłem do przytomności, lecz nie bardzo rozumiałem, co wokoło mnie się dzieje. Instynktownym ruchem wyrwałem się z rąk żołnierzy i pobiegłem przed siebie. Wpadłem pod bramę więzienną, gdzie ujrzałem cały szereg żołnierzy z karabinami w ręku. Podoficer, który stał przed szeregiem, otworzył ramiona i chwycił mnie. Nogi się pode mną ugięły i osunąłem się na ręce tęgiego chłopa. W tej chwili dopadł do mnie jeden z żołnierzy, od których przed chwilą się wyrwałem, i znowu uderzył mię kolbą w twarz. Krew z nosa i ust mi buchnęła. Oburzyło to widocznie podoficera. „Durak! – usłyszałem nad sobą. – Nie widzisz, że chłopiec na nogach nie stoi?!".

To wtedy stracił pan dwa zęby z przodu.

Żołnierz widocznie się zażenował. Szorstkim rękawem szynelu starał się otrzeć mi twarz, naturalnie, rozmazując krew jeszcze bardziej. Wreszcie na rozkaz podoficera wziął mię pod ramię i poprowadził za innymi. Prowadzono nas na kobiecy oddział, skąd świeżo wywieziono nasze koleżanki. W głowie mi huczało, szedłem krokiem niepewnym, na pół omdlały; dusiła mię bezsilna złość, a gorycz grubiańsko zdeptanej godności osobistej dławiła mi gardło. Słyszałem wokoło brutalne słowa żołdaków, podpędzających mych kolegów, słyszałem głuche dźwięki uderzeń. Mój żołnierz po naganie podoficera zachowywał się już grzecznie. Silnym ramieniem podtrzymywał moje niepewne kroki i raz po raz powtarzał: „Nu, warnaczok, idź! Wisz! Nie buntuj! Osłab, biednyj!".

Przetłumaczę: „No zeku, idź! Widzisz! Nie buntuj się więcej! Osłabłeś biedaku!".

A potem mnie wepchnięto do celi, gdzie już zastałem kolegę leżącego na podłodze. Drzwi zamknęły się natychmiast. Byłem ostatnim, wprowadzonym do kobiecego oddziału, i zaraz po zamknięciu drzwi zaległa w naszym korytarzu cisza. W celi było ciemno, słyszałem tylko ciężki oddech leżącego na podłodze kolegi.

Miał chyba połamane żebra. A u pana lekarze stwierdzili jeszcze jakieś obrażenia?

Gnatów mi nie połamali, ale okrwawili jak nieboskie stworzenie. Cholera, żeby to choć siekiera lub bodaj porządna pałka w garści była. A to poduszka! To, czym rzuciliśmy w żołnierzy! Po chwili przyszedł doktor. „Idźcie do diabła! – zawołał kolega, wyprostowując się groźnie, a to był potężny mężczyzna. – Jeszcze patrzeć przyszli, czy dobrze swe barbarzyństwo wykonali".

Wszyscy przeżyli?

Obliczyliśmy, że wszystkie sześć cel są zajęte, lecz jest nas tylko dziesięciu – trzech brakowało. Nie było Daniłowa, nie było Cejtlina i jeszcze jednego. Gdzie oni być mogą? Może ich zatłukli, może wsadzono ich zbitych do karceru. Minęła noc na naradach, co wobec tego robić wypada. Postanowiliśmy ogłosić bunt głodowy, dopóki nam nie przyprowadzą kolegów. Gdy nazajutrz nas wypuszczono na korytarz i mogliśmy się obejrzeć wzajemnie, spostrzegliśmy, jak strasznie byliśmy zmaltretowani. Okrwawieni, opuchnięci, potłuczeni, z palącymi się od gorączki oczami wyglądaliśmy, jak świeżo przywiezieni z placu boju żołnierze. Ogłosiliśmy, że zaczynamy się głodzić.

To już musiało rozsierdzić władze więzienne.
Pomocnik zawiadowcy więzienia biegał od jednego do drugiego, upraszając nas, byśmy tego nie robili. Mówił nam, że owych trzech kolegów zaprowadzili do cyrkułów policyjnych, że im się nic złego nie stało. Byliśmy niewzruszeni.

Jak pan zniósł tę głodówkę?
Pierwszego dnia kurczyło się w żołądku okropnie i głód doskwierał nieznośnie. Nazajutrz jednak i trzeciego dnia żołądek przypominał o swoich prawach jedynie w porach, gdy przy normalnym biegu rzeczy otrzymywał należną mu daninę. Zresztą opanowała mnie na trzeci dzień słabość i pewne znieczulenie, ciągle drzemałem.

Ostatecznie okazało się, że jednego brakującego kompana władze wysłały dalej, do miejsca wygnania. Tak się zakończył bunt irkucki. Opłaciło się to wszystko? Stracił pan tylko zdrowie.
Za awanturę 20 października pociągnięto nas do odpowiedzialności sądowej. Prokurator oskarżał nas o „zbrojny opór władzy więziennej", to jest o przestępstwo, za które prawo wysyła

ludzi na katorgę. Sąd jednak nie zgodził się z żądaniem prokuratora i zastosował wobec nas możliwie łagodną karę: skazał wszystkich na pół roku, a mnie i dwóch jeszcze kolegów jako niepełnoletnich…

Miał pan wtedy dziewiętnaście lat.

…na trzy miesiące więzienia. Prokurator był niezadowolony. Apelował do senatu. Rok potem otrzymałem wyrok senatu, który w swojej łaskawości podwoił nam karę, skazując mnie na półroczne więzienie. Odbyłem je w Kireńsku, na miejscu mego wygnania.

Zapytam jeszcze raz: czy warto było? To przecież był dopiero początek zesłania.

Bunt irkucki długo był mi zapamiętanym. Przez pewien czas nie mogłem obojętnie patrzeć na żołnierza czy na mundur. Czułem, że mi się pięści zaciskają. Nieraz, gdym zamykał oczy, widziałem przed sobą pełen grozy obraz dzikiego ataku uzbrojonych żołdaków na bezbronną garstkę ludzi, skupioną w kąciku.

A więc trauma na całe życie. No i pozostała panu jeszcze jedna pamiątka.

Jaka to?

Wąsy. Zapuścił je pan, żeby zasłonić ubytki. Z czasem wąsy stały się pana znakiem rozpoznawczym. Pisał Tuwim: „Wiedzą, że brwi krzaczaste, że sumiaste wąsy. Że z litewska przeciąga i że miewa dąsy". Ale zostawmy to.

O Tuwimie to pan z Wieniawą lepiej porozmawia.

Syberia to była pana pierwsza niewola. Potem była Cytadela Warszawska, petersburskie wariatkowo wojskowe, więzienie w Magdeburgu...

No, trochę się nasiedziałem.

Ale przynajmniej się pan nie zasiedział. Bo w końcu przyszedł 11 listopada 1918 roku. Data, której Polakom nie trzeba przypominać. To początek Polski i koniec pana niewoli. Po dwóch latach więzienia, 10 listopada 1918 roku, zjawił się pan w Warszawie w poplamionym i podartym mundurze, pana jedynym ubraniu. Od razu stanął pan na czele zmian i zamiast się cieszyć, był pan... wściekły.

Bo to był dziki chaos, w co wpadłem po powrocie z Magdeburga. Dziki chaos sądów, zdań, myśli, dziki chaos ugrupowań, dziki chaos! Niemożliwy do ułożenia w jakiejkolwiek łamigłówce.

Ale co dokładnie było dzikie?

Rozbieżności! Były tak wielkie, tak olbrzymie, że uważam to za jeden z cudów talentu, że mogłem z tego chaosu wyprowadzić państwo na jakąś ścieżkę. To się wydawało wprost niemożliwością.

A jednak się udało.

To tak, ale nie nastąpiło wtedy odrodzenie duszy narodu. Gdy wróciłem z Magdeburga i posiadłem władzę, jakiej nikt wcześniej w Polsce nie piastował, nie chciałem rządzić batem, bo wierzyłem w to odrodzenie. Oddałem władzę w ręce zwołanego przez siebie Sejmu Ustawodawczego. Proszę pamiętać, że mogłem go nie zwoływać. Naród się jednak nie odrodził. Szuje i łajdaki rozpanoszyły się… Ustawiczne waśnie personalne i partyjne, jakieś dziwne rozpanoszenie się brudu i jakiejś bezczelnej, łajdackiej przewagi sprzedajnego nieraz elementu.

Tak, ale…
Rozwielmożniło się w Polsce znikczemnienie ludzi.

…panie Marszałku, ale ja nie o tym chciałem. Chodzi mi o to, że zabrał się pan do odbudowy Polski dosłownie dzień po wyjściu zza krat. I to chyba teraz w tej rozmowie nadal widać. Przecież aż do listopada 1918 roku przez ostatnie trzydzieści jeden lat pan albo działał w podziemiu, zagrożony aresztowaniem, albo walczył. Więzienia i zesłanie to kolejne osiem. Chciałem z panem porozmawiać o tym, na ile zesłanie, kraty, brudne cele i więzienny reżim ukształtowały pana osobowość? Na ile ją spaczyły, na ile udoskonaliły? Wtedy, 10 listopada 1918 roku, był pan strzępkiem nerwów. To wtedy wygarnął pan kolegom, że zamiast polityki…
Wam kury szczać prowadzić, a nie politykę robić…

Właśnie! To krótkie zdanie, które przeszło do legendy, pokazuje, że polityczną poprawność, zasady dyplomacji, być może takt potrzebny w tych pierwszych chwilach wolności, miał pan w pogardzie. To wtedy do polskiej polityki wszedł nowy wymiar. Również za pana sprawą: agresja i brutalność. Sam pan kiedyś przyznał, że przez sto pięćdziesiąt lat aż do odzyskania niepodległości kryminał, więzienie, katorga były chlebem powszednim Polaków.
A, tak. Bo Polska jest jedynym krajem, gdzie mówienie o rzeczy tak kompromitującej człowieka, jak kryminał jest swobodne.

W Polsce więzienie jest stałym, codziennym towarzyszem ludzkiej myśli. Jest to część naszej kultury. Tej myślowej, politycznej, wręcz codziennego życia Polski. Rok za rokiem, pokolenia za pokoleniami oswajały się z więzieniem, jako z rzeczą codzienną.

To bardzo charakterystyczne, że w „siedzeniu za kratami" nie widzi pan zła. Dostrzega pan w tym wartość. Że summa summarum tysiącom Polaków więzienie wyszło na dobre. Przyznam, że to szokujący pogląd.

Niech mi wolno będzie z siebie wziąć przykład. Przybyłem do Polski wprost z więzienia. Magdeburg bowiem był więzieniem. Przybyłem po to, ażeby wejść na najwyższy szczebel reprezentowania Polski, jako świeżo wypuszczony z więzienia człowiek. I to jest prawda niechybna.

Jestem więźniem, który nie przez jedno więzienie przechodził. Jeżeli wszystkie więzienia i lata więzień policzyć i podzielić przez całą ludność polską, to jednak na jedną moją osobę przypadłoby trochę więcej niż przeciętnie na niejedną głowę, jeżeliby policzyć liczbę ludności polskiej…

Nie, ale nie liczmy tego teraz.

Chcę powiedzieć, że liczba więzień, które przebyłem w życiu, jest znacznie wyższa niż ilość więzień, która przypada na każdego przy podziale przez liczbę ludności polskiej.

Już się zgubiłem. Ale przyjmijmy, że ma pan rację. Mnie interesuje to, co panu te koszmarne lata za kratami dały? Na ile pana ukształtowały?

Nie ma więźnia, który by nie zaczął z ciężarem więzienia w ten czy inny sposób walczyć. Szukać jakiegoś remedium, lekarstwa na brak swobody. Na tę nieznośną i brutalną zależność wyrażoną przede wszystkim przez oko. Oko celnika, które ma prawo co chwila zajrzeć...

Czyli, jak rozumiem, więzienie wyrobiło w panu instynkt walki?

Pierwsza walka, którą więzień zawsze odbywa, jest to chęć oszukania tych, którzy go do więzienia wtrącili. Oszukać w przestrzeni, która jest zamknięta. Szuka się wyjścia, aby choć na chwilę to się udało. Różni ludzie różnie postępują. A ja akurat należę do istot dość zuchwałych.

O, tak! To jest prawda jak dwa i dwa cztery.

Taki już jestem. Gdy mi przykładają nóż do gardła, doznaję uczucia przykrego. Otóż, nie jestem człowiekiem, z którym można rozmawiać w ten sposób.

Źródła:

Aforyzm o żołnierzu z 5 sierpnia 1921 r., *Pisma zbiorowe*, t. 10.
Bunt więzienny w Irkucku, „Kalendarz Robotniczy na rok 1911", redagowany w Krakowie, *Pisma zbiorowe*, t. 3, s. 65–74.
Psychologia więźnia, odczyt z 24 maja 1925 r., polska odbitka z „Revue Pénitentiaire de Pologne", Warszawa 1931.

ROZDZIAŁ 2
DOM I SOCJALIZM

Podobno konspirowanie wyssał pan z mlekiem matki. Pierwszy kontakt z nielegalnymi drukami zawdzięcza pan właśnie jej.

Rzeczywiście matka wyciągała z jakiejś kryjówki u nas w dworku kilka książeczek, które odczytywała, ucząc nas, dzieci pewnych ustępów na pamięć.

Kiedy to było?

Jakie dziesięć lat po powstaniu styczniowym, kiedy wrażenie wieszatielskich rządów Murawjowa było jeszcze tak świeże, że ludzie drżeli na widok munduru czynowniczego a twarze ich wyciągały się, gdy w powietrzu zabrzmiał dzwonek zwiastujący przybycie któregoś z przedstawicieli władzy moskiewskiej.

A pamięta pan, co to konkretnie było? Bibuła?

To były utwory naszych wieszczów. Tajemnica, którą te chwile były otaczane, wzruszenie matki, udzielające się małym słuchaczom, zmiana dekoracji, jaka następowała z chwilą, gdy niepożądany jaki świadek trafiał przypadkowo na nasze rodzinne konspiracje – wszystko to zostawiało niezatarte wrażenie w mym umyśle. Te właśnie książeczki wraz z kilku innymi – pieśniami

historycznymi Niemcewicza, paru broszurkami z czasów przed-
powstaniowych – były bodaj jedynymi przedstawicielkami nie-
ocenzurowanej literatury w tym czasie.

**To były takie czasy, że nielegalny był również podręcznik do
rolnictwa...**

... i bibuła klerykalna, i książki do nabożeństwa. Nawet ob-
razki, fotografie czy literatura ugodowa. Nielegalne były dzieła
Wyspiańskiego lub Zycha, grube tomy badań historycznych
i drobne broszurki rozmaitych stronnictw. Książki te ocalały
podczas burzy powstaniowej w niewielkiej ilości, a chowane
jak relikwie, niszczone zaś przez tchórzostwo przy każdym
istotnym lub przypuszczalnym niebezpieczeństwie, nie mogły
wywierać szerokiego wpływu, tylko w kręgu rodzinnym.

**Nie mieści się w głowie, że Mickiewicz czy Słowacki mogli być
kiedyś zakazani. Chyba że to był fortel mamy? Może specjalnie dodawała ich lekturze aury tajemnicy, żeby was dzieciaki
skłonić do czytania?**

Nie może tak być! Matka mnie do tej roli, jaka mnie wypad-
ła, chowała. Na pierwszym miejscu stawiała Krasińskiego, ale
na jej nagrobku kazałem wyryć wiersz z *Wacława* Słowackiego
zaczynający się od słów: „Dumni nieszczęściem nie mogą...”.

Przed śmiercią kazała mi to po kilka razy czytać... dla niej...

**Pana rodzina to typowe „pomieszcziki". Za takiego uznał pana
żandarm przy granicy pruskiej, gdy wracał pan z zesłania. Pamięta pan to?**

Pamiętam, jakżeby nie. I wiem jeszcze od rodziców, że pewnego razu ktoś doniósł żandarmom z pobliskiego Podbrodzia,

że poruszenie jest u nas we dworze. Że „pomieszcziki" światła palą, może ruchawkę szykują. Moskale przyjechali na koniach i wtedy właśnie ja na świat przyszedłem. „Nic się nie stało" – stwierdzili z ulgą i pojechali.

Tak oto ziemianin, czyli „pomieszczik" Piłsudski, przyszedł na świat 8 grudnia 1867 roku.

Urodziłem się na wsi, w szlacheckiej rodzinie, której członkowie zarówno z tytułu, starożytności pochodzenia, jak i dzięki obszarowi posiadanej ziemi należeli do rzędu tych, co niegdyś byli nazywani *bene nati et possessionati*. Jako *possessionatus* nie znałem długo żadnej troski o materialne rzeczy i otoczony byłem w dzieciństwie pewnym komfortem. A że rodzeństwo moje było liczne i rodzice względem nas byli bardzo łagodni i serdeczni, mógłbym nazwać swe dzieciństwo – sielskim, anielskim.

Pamięta pan jakieś szczególne wydarzenia w majątku?

Dożynki. Dożynki w Zułowie robiono obfite i sute, z mnóstwem „wódeczności"... Sześć harmonijek grało od ucha... W pewnej chwili zobaczyliśmy skaczącego do góry naszego kuchcika, który wywijał rękami i olbrzymią miednicą mosiężną do smażenia konfitur – i nagle wielkim moździerzem zaczął wybijać takt, niezgodnie ze wszystkimi harmonijkami. Ojciec przerażony tą okropną kakofonią, podszedł do niego i zapytał: „Joachimku, co ty robisz?". „Panie, panie – byle szum, byle szum!..." – odrzekł rozhukany.

Scena jak z *Wesela* Wyspiańskiego. Jaki był pana ojciec?

Mój ojciec nieboszczyk był wspaniałym uczonym agronomem, ale taki ogromny majątek, jak Zułów, przy końcu jego

życia wyglądał jak Smorgonie przy rozstrzelaniu; był na dzie-
dzińcu las słupów kamiennych, nie wiadomo po co. Bóg wie,
czego on tam nie narobił, bo nie był administratorem.

A zatem dzieciństwo Pana było sielskie, anielskie.
Mógłbym je tak nazwać, gdyby nie zgrzyt jeden, zgrzyt, który sępił czoło ojca, wyciskał łzę z oczu matki i głęboko się wra-
żał w mózgi dziecięce. Tym zgrzytem było świeże wspomnienie
o klęsce narodowej 1863 roku.

**Rodzina Piłsudskich – jak pan kiedyś napisał – „uparcie sta-
ła przy przygaszonym krwią bohaterów i ledwie tlącym się
zniczu narodowo-rewolucyjnym".**
Matka, nieprzejednana patriotka, nie starała się nawet
ukrywać przed nami bólu i zawodów z powodu upadku powstania. Wychowywała nas, robiąc właśnie nacisk na konieczność dalszej walki z wrogiem ojczyzny. Od najwcześniejszego
dzieciństwa zaznajamiano nas z utworami naszych wieszczów,
ze specjalnym uwzględnieniem utworów zakazanych, uczono
historii polskiej, kupowano książki wyłącznie polskie. Ten patriotyzm rewolucyjny nie miał określonego kierunku społecznego. Matka z naszych wieszczów najbardziej lubiła Krasińskiego, mnie zaś od dzieciństwa zachwycał zawsze Słowacki,
który też był dla mnie pierwszym nauczycielem zasad demokratycznych. Były one naturalnie u dziecka bardzo niejasne
i mgliste, lecz przy moim żywym i nieco przekornym charakterze utrwalały się przy każdym sporze, które niekiedy matka
żartem prowadziła.

Słowacki. Zostańmy na chwilę przy nim.

Powtarzamy jego słowa, jak gdyby był żywą istotą. Spotykamy się z nim codziennie i z nim obcujemy. Wiemy, co mu się podobało, a co nie pozostawiło na nim żadnej impresji. Jest więc żywy i żyje wśród nas.

**W 1927 roku rozkazał pan sprowadzić jego prochy do Polski i pochować je na Wawelu, „bo królom był równy". Bardzo kwieciście, rokokowo – rzekłbym – przemawiał pan nad trumną. Mówił pan wtedy: „Gdy przed Słowackim, jedną z harf szczerozłotych, stoję, gdy warstwy mąk jego i pracy jego przeliczę, znajdę w tej harfie jedną strunę, co zawsze brzęczała, znajdę prawa dumy i prawa rozkoszy cierpienia dla dumy, dla godności ludzkiej. Szarpany niemocą ciała, szarpany niemocą prawd, które wyznawać rozum mu kazał, szukał w rozpaczy dumy siły, targającej wnętrzności swoje i ojczyzny swojej. Znajdziecie brzeczące struny dumy i struny godności ludzkiej na każdym kroku. Szedł, pracując, szedł, myśląc, że duma stargana i sponiewierana wyda nie jęk rozpaczy…".
Jęki i struny, brzęczenie i męczenie.**

Słowacki żyje dlatego, że umrzeć nie może.

Jasne, a Mickiewicz?

Nie umarł Mickiewicz, choć chcecie go chować.

My? A my nie wszyscy z niego?

Przelał on siebie w tysiące ciał, stał się cząstką duszy każdego uczciwego Polaka. I to mi matka wpajała: Gdzież są ci Polacy z poezji Mickiewicza, Słowackiego, Krasińskiego? Ci rycerze i ofiarnicy przez matkę wymarzeni? Te duchy płomienne, groźne, gotowe porwać za broń na pierwszy dźwięk walki o wolność?

I teraz wszystko robi się jasne. Z braku innych lektur w dzieciństwie naczytał się pan wieszczów i uznał ich mesjanistyczne rojenia o Polsce za zobowiązanie.

Poza książkami tyczącymi się Polski czytałem wszystko, co mi tylko nawinęło się pod rękę. Najwyższe wrażenie sprawiały na mnie książki opisujące byt narodów klasycznych – Greków i Rzymian. Prawdopodobnie dlatego, że były przepełnione szczegółami walk o ojczyznę i opisami bohaterskich czynów.

A potem ta wiedza o starożytnych przydała się do pisania odezw do robotników: „Niegdyś, w czasie wojen Rzymu z Kartaginą, żył mąż stanu rzymski Kato…

…który każdą swą mowę kończył niezmiennie słowami: «Zawsze sądzę, że Kartagina musi być zburzoną»". Czym Kartagina dla Rzymu, tym jest carat dla naszej sprawy robotniczej. Więc, jak Kato niegdyś, tam my, świadomi polscy robotnicy, z konieczności każdą swą mowę kończyć musimy: „Sądzimy, że carat powinien być obalonym". Ha, ha… stare dzieje.

Rzeczywiście pięknie powiedziane.

Powaga senatu i dyktatorów rzymskich chwytała mój umysł i wyobraźnię niekiedy tak silnie, iż życie, w które zaledwie wchodziłem, wydawało mi się nikłe, marne i bez wartości.

Historia magistra vitae est. **O to chodziło w tekstach starożytnych.**

Dlatego z pewnym bólem dotykałem ksiąg, co dzieje upadku i degeneracji senatu opowiadały. Powiadają, że augurowie,
ci co wielkie zwycięstwa z wróżb ogłaszali, przy spotkaniach
z sobą na głos się śmieli, wyśmiewając swoje wieszczby i czy-
niąc z siebie błaznów.

Mitologia?

Byłem zachwycony światem klasycznym: piękne baśnie
o bohaterach, cudowna, piękna mitologia pogańska, cuda
Olimpu. Pamiętam też trochę bólu i wewnętrznej przykrości,
gdy po raz pierwszy był na znanej operetce *Piękna Helena*.
Najbardziej utkwiła mi scena ostatnia, gdy ową piękną śmier-
telną ludzie namawiają, by usiadła na wóz bogini Wenery.
I wtedy wpada karczemna nuta, kankan wesoły. I kapłan kończy swą pieśń, wesoło podryguje nogami. Nieraz przypomina-
łem tę scenę, jako świadectwo prawdy gasnących światów. Pamiętam nawet nieudolny wierszyk, który ułożyłem:

Wyśpiewując sławę bogom,

Podryguje, rusza nogą,

W kankan, kankan płynie.

O, mądrala! Ten nie zginie

Nigdy, nigdy na tym świecie

Wiedzże, durniu, wiedzże przecie!

Całkiem udolny! Zatem starożytność. Inne czasy?

Byłem rozkochany w Napoleonie i wszystko, co się tego
mego bohatera tyczyło, przejmowało mnie wzruszeniem i roz-
palało wyobraźnię. Gdym wrócił do Belwederu, przypomniało

mi się natychmiast, że Napoleon źle jeździł konno i często z konia spadał. Jechał gdzieś w bój i wówczas jeden z gwardiaków spadł z konia, a Napoleon mu powiedział: „niezgraba". Lecz pan Bóg go ukarał, bo po ujechaniu 60 kroków Napoleon spadł z konia, a wtedy mija go w pełnym galopie gwardiak i pyta: „A teraz, kto niezgraba?".

Pewnie przypomniał pan sobie tę anegdotę, spadając z Kasztanki.

Moja Kasztanka nigdy by mi czegoś takiego nie zrobiła!

Skoro znał pan Napoleona, to i pewnie losy jego wyprawy na Moskwę?

Wszystkie marzenia moje koncentrowały się wówczas koło powstania i walki orężnej z Moskalami, których z całej duszy nienawidziłem. Każdego z nich uważałem za łajdaka i złodzieja. To ostatnie zresztą było zupełnie usprawiedliwionym. W owym czasie Rosja wylała na Litwę szumowiny swoje, najpodlejsze elementy, jakie posiadała, a opowiadania o łajdactwach i barbarzyństwie tej hordy Murawjowa były na ustach wszystkich.

Lata po powstaniu styczniowym, czyli lata pana dzieciństwa, zawsze uważał pan za najgorszy okres dla pana „małej ojczyzny".

Smutny zaiste widok przedstawiała Litwa po 1863 r. Była sterroryzowana samowolą urzędniczą, brutalną ręką najeźdźcy. Rok rocznie była uciskana i umęczona różnymi sposoby, upokarzana i opluwana przez zwycięzców na każdym kroku. Życie obywatela było podobne do życia psa bez gospodarza. Nie ma on nikogo, kto by o nim pomyślał. Na każdym kroku spotyka go krzywda. Ktoś go przez żart kopnie, tu go zleją warem, gdzie indziej uderzy go kto kijem, to znowu psy go pogryzą i tak się ciągnie to jego całe życie, składające się z jednych obelg i boleści. Do tego koszmaru wszystkiego byliśmy przyzwyczajeni, to był nasz chleb powszedni. Ale niekiedy, gdy psa ze wszech stron osaczą lub gdy się za wiele nazbiera goryczy, i pies się odgryza i zęby szczerzy, a zdarza się nawet, że pokąsa. O! Wtedy dzieją się rzeczy straszne.

I zdarzyło się?
Katastrofa w Krożach.

Kroże to miasteczko na Żmudzi, w guberni kowieńskiej w mateczniku fanatycznego katolicyzmu. W 1892 roku carskie władze postanowiły zamknąć tam murowany kościół. Obserwował pan te wypadki, bo to było już po pana powrocie z zesłania. To może krótko, bo chciałbym jeszcze wrócić do pana dzieciństwa.

Katastrofa w Krożach! Wywieziono stamtąd mniszki, niledwie siłą, gdyż opierały się one władzy. Włościanie, przyzwyczajeni do kościoła klasztornego i mając na oku, że drewniany parafialny będzie wkrótce wymagał gruntownej naprawy, na co dość trudno uzyskać pozwolenie, wnieśli podanie do władzy o zostawienie im kościoła murowanego i zamknięcie w zamian drewnianego. Sprawa się przeciągała, w końcu uznano za stosowne włościanom odmówić. Wieść o tym gruchnęła po okolicy i lud postanowił bronić swej świątyni. Kilka dni lud zalegał kościół i okolicę, nie rozchodząc się wcale. Jedzono i pito na miejscu.

Taki typowy zajazd na Litwie. Tyle że włościański.

Gubernator kowieński dał rozkaz trzem sotniom kozaków stanąć w Krożach na czas umówiony, sam zaś otoczony żandarmami przyjechał do Kroż w nocy i zaraz, sprowadziwszy księży, wyruszył ku kościołowi. Sprawnik miejscowy radził poczekać na kozaków, lecz gubernator ufny w swe siły, kazał mu milczeć i słuchać rozkazów. Pod kościołem spotkał go lud. Trzymano portret cesarza, broniąc nim wejścia do świątyni. Gubernator oznajmił, że przychodzi z polecenia jego cesarskiej mości, przypomniał ludowi wielkie dobrodziejstwa cesarskie i zlecił posłuszeństwo jego woli. Pośród ludu rozległy się okrzyki, że wykonywać wolę cesarską w nocy nie można, że zapewne nie jest on gubernatorem, lecz rozbójnikiem, że nie chcą oni dobrodziejstw, połączonych z zabieraniem kościoła. Gubernator dał rozkaz otworzenia kościoła siłą. Zaczęła się lekka utarczka przed drzwiami – z jednej strony nahaje i pałasze, z drugiej kije i kułaki. Zaczęto targać portret cara, wreszcie wyrwano go z ram i odarto. Lecz drzwi otworzono, pomimo, że liczebna przewaga ludu już przestraszyła napastników, i oficerowie żandarmerii, widząc na co się zanosi, uciekli czym prędzej z miasteczka. Krew się polała, lud się rzucił na obrońców porządku; część wepchnięto do kościoła, część zaś druga została przed kościołem na pastwę rozjuszonego ludu. Walka w kościele trwała dalej, dobrano się na koniec do gubernatora. Pod eskortą księży, których lud nie ruszył, udało mu się wycofać na galerię do organów, zarazem zdążył dać rozkaz posłania czym prędzej do oddziału kozaków, by ten przyspieszył swe przyjście do zbuntowanego miasteczka. Lecz fala ludu napierała silniej. Posypał się na gubernatora grad obelg i połajanek. Z drżeniem prosił on wciąż księży, by ci mówili „coś religijnego" ludowi.

W końcu zaś widząc, że to nie przelewki, zaczął z ludem wchodzić w umowę. Obiecał, że kościoła nie poruszą, że zaraz, wraz z księżmi, napisze o tym raport. Zaczęła się scena oszukiwania ludu dla zyskania czasu. Gubernator, w oblężeniu obsypywany obelgami, zgadza się na wszystko. Posyłają po papier, atrament, pióro. Jako komiczny epizod w tej tragedii, przytoczyć można, że lud koniecznie wymagał, by papier był stemplowany, gdyż tylko wtedy sprawa będzie pewną. Gubernator i na to się zgodził. Tymczasem kozacy przyspieszonym marszem nadchodzą i od razu rzucają się na bezbronny lud, otaczający kościół. Zaczęła się nowa walka, lecz teraz już przewaga była po stronie gubernatora. Nahaje.i szable robiły już swoje, krwią oblano kościół, trupy padały, jęki ranionych i pokaleczonych rozlegały się w murach i na podwórzu. Zwycięstwo w końcu odniesiono i gubernator oswobodzony wszedł w swoją zwykłą rolę. Rozwścieczony swoją osobistą urazą i poniżeniem jego godności, daje rozjuszonemu żołdactwu pozwolenie *pogulat'* po zwycięstwie.

Jak w czasie rzezi Pragi za Kutuzowa.
Kozakom nie trzeba było dwa razy powtarzać. Rozpoczęły się straszliwe sceny gwałtów i grabieży. Co można rabowano, co nie dało się unieść, rąbano i niszczono. Pojedyncze kupy kozaków rozbiegły się po okolicznych wioskach i folwarkach, siejąc wszędzie postrach i zniszczenie. Zabito przeszło 50 ludzi, ranionych było więcej niż setka ze strony włościan i około dziesięciu ze strony policji i kozaków. Nazajutrz zaczęła się egzekucja; siedemdziesięciu kilku włościan zbito strasznie nahajkami z rozkazu gubernatora, bez żadnego sądu. Doktor wojskowy był przy tej barbarzyńskiej egzekucji i trzymał palec na pulsie delikwenta, by oznaczyć chwilę, gdy bicie mogło być

śmiertelnym; gubernator stał przy tym i od czasu do czasu rzucał rozkazy: *bit' silniej, a czto, rozbojnik ja, ili gubiernator?* Obecny przy tym prokurator zwracał uwagę, że to bezprawie, że on prokurator, jako przedstawiciel prawa, nie może na to pozwolić i nawet patrzeć na to bez zgrozy nie może. *Tak otwiernities'!* (to odwróć się pan!) – brzmiała grubiańska odpowiedź rozbestwionego urzędnika. Prokurator został i tylko, gdy przyprowadzono na egzekucję czternastoletniego malca, siłą wyrwał go z rąk oprawców. Powiadają, że niektórzy ze zbitych nahajkami umarli w więzieniu od otrzymanych razów. Zwycięstwo po stronie władzy: kościół opieczętowano, buntownicy są ukarani, a będą jeszcze karani za opór zbrojny, stawiany władzy. To był typowy sposób rządzenia na Litwie.

Nie było to jedyne bestialstwo moskiewskiej władzy. Rozumiem, że rodzice nie trzymali was pod kloszem, nie ukrywali przed wami podobnych wypadków?

Matka od najwcześniejszych lat starała się rozwinąć w nas samodzielność myśli i podniecała uczucie godności osobistej, które w moim umyśle formułowało się w sposób następujący: Tylko ten człowiek wart nazwy człowieka, który ma pewne przekonania i potrafi je bez względu na skutki wyznawać czynem.

Z takim usposobieniem i poglądami, o ile dziecinne myśli poglądami można nazwać, wszedłem w progi szkolne. Zostałem uczniem pierwszego gimnazjum wileńskiego, byłej alma mater Mickiewicza i Słowackiego. Wyglądało tu naturalnie inaczej niż za ich czasów. Gospodarzyli tu, uczyli i wychowywali młodzież pedagodzy carscy, którzy do szkoły wnosili wszystkie namiętności polityczne, a za swój obowiązek uznawali zgnębienie samodzielności i godności osobistej swych wychowanków.

To lubił pan szkołę czy nie?

Skądże! Dla mnie epoka gimnazjalna to była katorga. Byłem co prawda chłopcem dosyć zdolnym, nigdym się nie zamęczał pracą i z łatwością przechodziłem z klasy do klasy. Gniotła mnie jednak atmosfera gimnazjalna, oburzała niesprawiedliwość i polityka pedagogów, nużył i nudził wykład nauk. Wołowej skóry by nie starczyło na opisanie bezustannych poniżających zaczepek ze strony nauczycieli, hańbienia wszystkiego, com się przyzwyczaił szanować i kochać. Jak silnym było wrażenie tego systemu pedagogicznego na mój umysł, można sądzić z tego, że dotąd jeszcze, gdym już przeszedł przez więzienie i Sybir i miał do czynienia z czynownikami różnego gatunku, w każdym przykrym śnie odgrywa taką lub inną rolę którykolwiek z moich miłych pedagogów wileńskich.

I tak z dobrotliwego Józia zrodził się zadziorny Ziuk?

Nienawiść moja do carskich urządzeń, do ucisku moskiewskiego wzrastała z każdym rokiem. Bezsilna wściekłość dusiła mnie nieraz, a wstyd, że w niczym zaszkodzić wrogowi nie mogę, że muszę znosić w milczeniu deptanie mej godności i słuchać kłamliwych i pogardliwych słów o Polsce, Polakach i ich historii, palił mi policzki. Uczucie przygnębienia, uczucie niewolnika, którego w każdej chwili jak robaka zgnieść mogą, leżało mi na sercu wręcz kamieniem młyńskim. Lata mego pobytu w gimnazjum zaliczam zawsze do najprzykrzejszych w swym życiu.

Pan i pana rodzina żyliście w kulcie powstania styczniowego. Już wtedy myślał pan o zbrojnym oporze?

O powstaniu marzyłem. Zarazem zastanawiałem się, czemu te dotychczasowe się nie udały. Książek odpowiednich nie było, w rozmowach starszych o ostatnim powstaniu mówiono bardzo mało, a to, co mówiono, było dla mnie wstrętnym – uważano bowiem, że powstanie było nie tylko błędem, lecz i zbrodnią. Ze specjalną ciekawością czytałem to, co mogłem dostać, o rewolucji francuskiej. Podłoża społecznego tego ruchu naturalnie nie rozumiałem, natomiast byłem zachwycony zapałem i zajadłością rewolucyjną oraz udziałem wielkich mas ludowych. A gdym się zapytał, czemu my, Polacy, nie zdobyliśmy się na taką energię rewolucyjną, znalazłem jedną odpowiedź – byliśmy i jesteśmy gorsi od Francuzów. Był to wielki cios zadany mojej dumie narodowej, lecz czekał mnie jeszcze silniejszy. W owe czasy głośna była na całym świecie walka Narodnej Woli z caratem.

To była organizacja rosyjskich rewolucjonistów, która pragnęła obalenia caratu. Powstała w 1879 roku i została rozwiązana kilka lat później.

Odgłosy tej walki dochodziły naturalnie do Wilna i bohaterstwo jej nie mogło nie imponować mojej romantycznej głowie. Tymczasem w Polsce było zupełnie cicho. „Proletariat", który wówczas działał w Warszawie był na tyle słaby, że jego wpływy prawie wcale nie dochodziły do Wilna. Poza tym w społeczeństwie, wyczerpanym walką 1863 roku, było tyle strachu, tyle czarnej reakcji, tyle oburzenia na każdą myśl żywszą, że porównanie Rosji z Polską wypadało wówczas dla mnie zawsze na korzyść Rosji. Byłem tym wprost upokorzony i stałem na rozdrożu.

I wtedy przyszła moda na socjalizm. Pojawiła się literatura, potem socjalistyczna konspiracja.

Moda ta dla nas, Wilnian, szła ze Wschodu, z Petersburga. Dla mnie to było szczęście. Gdybym się spotkał wtedy z socjalizmem warszawskim, który sprawy narodowościowe otwarcie negował i występował przeciwko tradycji powstańczej, byłbym tak opornym na jego wpływy, że pewnie odrzuciłbym i samą ideę socjalistyczną. Tymczasem socjalizm petersburski tej ofiary ode mnie nie wymagał, a zarazem dawał mi pewną nić przewodnią. Pewien światopogląd, który wobec rozbicia poprzedniego z łatwością zajął jego miejsce.

Bo socjalizm rosyjski zawsze był przemieszany z wiarą w naród, siłę ludu. O to chodziło?

Właśnie o to. Ale w umysłach młodzieży polskiej w Wilnie ten dziwny socjalizm przełamywał się w sposób rozmaity. Niektórzy pod jego wpływem rusyfikowali się zupełnie i zrywali ze wszystkim, co polskie. Inni – a do tych należałem i ja – przyjmowali do pewnego stopnia, naturalnie bez sprawdzenia, twierdzenia rosyjskie o ich narodzie, natomiast główną uwagę zwracali na krytykę ustroju burżuazyjnego w Europie, którą to krytykę naturalnie przenosiliśmy i na swoje własne społeczeństwo. Studia swoje nad socjalizmem odbywaliśmy, czytając rozmaite rosyjskie utwory publicystyczne. Mnie ta rozwlekła gadanina niejasna nużyła okropnie. Działała na mnie wręcz usypiająco.

Ale mimo to został pan w końcu socjalistą.

Nazwałem siebie socjalistą w roku 1884. Mówię „nazwałem", bo nie oznaczało to wcale nabycia niezłomnych i utrwalonych przekonań o słuszności idei socjalistycznej. Byłem wówczas w gimnazjum wileńskim, należałem do kółka „Spójnia", zawiązanego kilka lat przedtem, i razem ze swymi kolegami uległem modzie socjalistycznej, którą nam przywieźli starsi koledzy z uniwersytetu petersburskiego. Otwarcie wyznaję, że była to moda, bo inaczej trudno mi nazwać ówczesną epidemię socjalizmu, która ogarnęła nasze umysły. Ogarnęła zaś do tego stopnia, że nikt z inteligentniejszych i energiczniejszych mych kolegów nie uniknął w swym rozwoju przejścia przez etap socjalistyczny. Jedni zostali już socjalistami, drudzy przeszli do innych obozów, trzeci wreszcie wyrzekli się wszelkich aspiracji społecznych, lecz każdy z nich przez czas dłuższy lub krótszy był socjalistą.

Kiedy zetknął się pan z radykałami z Narodnej Woli?

Zetknąłem, ale nic więcej! Będąc takim płytkim bardzo socjalistą, wyruszyłem w 1885 roku do uniwersytetu charkowskiego. Polska młodzież, którą tu zastałem, nie zaimponowała mi. Z kolei rosyjscy studenci byli bardziej żywi, energiczni i ruchliwi. I oni starali się wciągnąć mnie do organizacji studenckiej Narodnej Woli, lecz stanowczo się temu oparłem.

No właśnie, chciałem zapytać dlaczego? Byli radykalni, to się młodemu chłopakowi powinno podobać.

Uświadomiłem sobie, że samemu trzeba zawiązać jakąś organizację, która by wypracowała program roboty socjalistycznej u nas w domu. Podzieliłem się tą myślą z kolegami z Wilna po powrocie z uniwersytetu. Przyznali mi rację i uformowaliśmy takie kółko składające się z kolegów, którzy po ukończeniu gimnazjum pozostali w Wilnie. Postanowiliśmy wydawać dla siebie samych pisemko i pracować nad programem. Wobec tego, że dzięki drobnym uchybieniom formalnym władza uniwersytecka w Charkowie wzbraniała się przyjąć mnie na następny rok do uniwersytetu, postanowiłem rok ten pozostać w Wilnie, by potem jechać za granicę dla dalszego kształcenia się. Przeczytałem wtedy po rosyjsku pierwszy tom *Kapitału* Marksa. Nie powiem, by ta lektura sprawiła na mnie wrażenie.

W ogóle?!

Gdy spotkałem się z dowodzeniem, że stół równa się surdutowi czy też surdutowi równać się może, jeśli chodzi o ilość i wartość pracy, jaką reprezentują oba przedmioty, zamknąłem książkę. Abstrakcyjna logika Marksa oraz panowanie towaru nad człowiekiem nie pasowało do mego mózgu.

Socjalizm bez Marksa to jak Wilno bez Ostrej Bramy.

No, ale tak było. Prowadziłem parę kółek samokształcenia, zawiązałem trochę stosunków z robotnikami wileńskimi, zbierałem książeczki ludowe i wydawałem nasze pisemko. Roboty było huk. Nasze kółko żadnego programu nie wypracowało. Jedyne co się wyklarowało, to niezgoda na brutalne wynaradawianie ludu, praktykowane przez rząd rosyjski na Litwie. W szlachetnych sercach nieszczęście i poniżenie kraju jest zawsze źródłem patriotyzmu.

Ale nie do tego stopnia, aby sięgnąć po broń.

Ano, właśnie! Na początku roku 1887 zostałem aresztowany w sprawie zamachu na życie Aleksandra III, zupełnie bezprawnie. Bowiem do tej sprawy ja i mój starszy brat, wówczas student petersburskiego uniwersytetu, byliśmy zupełnie przypadkowo zamieszani. Brat poszedł na katorgę, mnie skazano na 5 lat wygnania do Wschodniej Syberii. I tu dopiero, gdym spokojnie mógł rozmyślać nad wszystkim, com przeszedł, stałem się tym, czym jestem.

Czyli kim?

Sobą. Od lat najmłodszych myślałem o służeniu Polsce, marzyłem o wielkości. Ja z tą myślą nie rozstawałem się nigdy... I na Sybirze nie przestawałem rozmyślać o wielkości. Zastanawiałem się, jakie drogi do niej prowadzą, jakie właściwości powinien mieć człowiek, aby stać się wielkim.

Czyli Józefem Wielkim Syberyjskim?

Po prostu wielkim.

Chodzi mi o to, że „narodził się" pan na nowo na Syberii. Na dojrzewanie i rozwój miał pan tam dużo czasu. Choć trzeba przyznać, że oprócz myślenia o Polsce pochłaniało pana życie towarzyskie i uczuciowe. I polowania!

Ja, jako człowiek drapieżca, biegnący ze strzelbą, która prześciga lotnego ptaka swym pociskiem, a chyżością swego pocisku prześciga chyżość zwierząt – jako drapieżca wśród innych drapieżców siadałem nieraz zadumany nad wielką prawdą zórz wieczornych i zórz porannych.

Pięknie powiedziane. Ale naprawdę zaprzątała pana meteorologia?

Siedząc podczas zórz w oczekiwaniu przelotu ptaków, wyobrażałem sobie zawsze, że na pewno w rodzinnym błotku kaczki gdakają nie w inny sposób, a w taki: „Wylecieć trzeba ani za wcześnie, ani za późno, a akurat w swojej porze. Ten, kto wyleci wcześnie, zginąć niechybnie musi. Dlatego też lepiej zawsze jest czekać".

Myśliwy myśliciel.

Czekać! Bo tylko w ten sposób zachowuje się i drogocenne życie, i prawdy rozumne tryumfują... To była prawda, do której dochodziłem, myśląc o społeczeństwie polskim hen, wtedy na Syberii. Trwała ona potem we mnie ściśle podczas całego długiego życia.

A socjalizm?

Wyleczyłem się z niego gruntownie. Przy bliższym poznaniu przedstawicieli ruchu rosyjskiego, tak również i literatury oraz publicystyki rosyjskiej przestałem przeceniać znaczenie i siłę rewolucji rosyjskiej. W Syberii przyjrzałem się bliżej maszynerii caratu oraz jego wpływowi na życie ludzkie i znienawidziłem ten potwór azjatycki, pokryty pokostem europejskim, jeszcze bardziej. Zrozumiałem wówczas, że socjalizm nie jest tylko ideą szlachetnych ludzi, marzących o uszczęśliwieniu ludzkości, lecz staje się realną potrzebą ogromnej masy ludu pracującego.

Ale, uwaga! Socjalista w Polsce dążyć musi do niepodległości kraju, a niepodległość jest znamiennym warunkiem zwycięstwa socjalizmu w Polsce. Wtedy to wymyśliłem!

I po powrocie z zesłania zaangażował się pan w PPS. Socjalizm i niepodległość to były odtąd pana cele.

Mówiłem wtedy, że patriotyzm polski, jeśli ma doprowadzić do niepodległości narodu, musi być przeciwrządowy i rewolucyjny. Musi czerpać życiodajną siłę w politycznej świadomości szerokich mas. Te masy żyć zaczęły, rosły, potężniały i dla uczciwych Polaków i Polek nie było potrzeby oglądać się za innym przewodnikiem. To proletariat stanowił serce narodu, on był wodzem narodowego powstania i tylko w jego szeregach jest miejsce dla tych, którzy szczerze ukochali ideały wolności.

I wtedy wpadł pan na pomysł, aby socjalista oprócz czerwonego sztandaru w drugim ręku trzymał bombę lub browninga.

Nie ma co kryć. Po wybuchu wojny rosyjsko-japońskiej opanowała całe społeczeństwo i nas razem z nim zupełna gorączka. Uznaliśmy, że chwila jest dziwna i osobliwa. Rozszerzyliśmy zatem organizację, założyliśmy Organizację Bojową, urządziliśmy bicie szpiclów, różne wysadzania itd. Taktyka narzuciła się sama: przeniesienie manifestacji z Warszawy do małych miasteczek i zmuszenie organizacji do terroru masowego na wyższych urzędnikach za wybitne gwałty.

Ale prawda jest taka, że wtedy w 1905 roku nie wszyscy zatęsknili za rozlewem krwi w imię wskrzeszenia Polski.

Przykro mi było patrzeć, że ta PPS, którą kochałem, w której tyle pracowałem, dała się wyprzedzić wszystkim organizacjom. Myśmy upadli tak nisko, że inni wskazywali nam drogę. Już nie PPS nad wszystkim górowała, lecz jakiś BUND przeszedł do ostrzejszej taktyki. Zrozumiałem wtedy, że to na nas spada odpowiedzialność za to, że kwestia polska jest umarłą nie tylko w Europie, ale w Rosji i samej Polsce. A przecież zmartwychwstać ona mogła tylko ofiarami i krwią, a nie wymigiwaniem się.

Ale kto się migał?

Myśmy się migali i całe społeczeństwo przecież. Milczenie dobijało kwestię polską. A nam nie wolno było milczeć. Polityka nie jest matematyką. Obliczyć i przewidzieć wszystkiego nie podobna. Dopóki społeczeństwo jest bierne, spodziewa się wszystkiego od wypadków, od innych tylko nie od siebie – nic nie nastąpi. Zawsze mówiłem, że przejście do nowej taktyki było koniecznością. Nawet gdyby ta droga doprowadziła do powstania utopionego we krwi, to taniej by nas to kosztowało, aniżeli martwota. Zawsze trzeba być panem nastroju, to my musimy go podnieść, musimy go tworzyć.

Wtedy padł pomysł, by tworzyć „oddziały samoobrony". To był oczywiście eufemizm. Panu chodziło o terror!

No bo z taktyki, wynika technika. Trzeba dobrze zrozumieć, że akty samoobrony, polegające np. na usuwaniu szpicli czy prowokatorów, nie mają nic wspólnego ani z karą, z jakimś wymiarem sprawiedliwości, ani z zemstą. Chodzi o zwykłe przeciwstawianie się złu, przeciwdziałanie niebezpieczeństwu. Trzeba szukać sposobów do samoobrony i rozwijać je. A nade wszystko trzeba wiedzieć jak najwięcej o wrogu. A wiedzieć o wrogu, to znaczy umieć z nim walczyć.

Tyle że panu chodziło o wroga wewnętrznego. Bo co innego strzelać do zaborcy, a co innego…

…mieliśmy wrogów społecznych! Takimi wrogami były endeckie bojówki, to byli zwykli bandyci. Bandyci zupełnie bezkarni. Rząd na walce z nimi oparł się na dużej ilości szpicli cywilnych. A walka ze szpiclami jest trudna. Działają z ukrycia, zachodzi możliwość tragicznych pomyłek, które kończą się bardzo smutno. Ażeby ich uniknąć zawsze trzeba czujności. Dlatego tworzyliśmy skuteczną samoobronę, naszą milicję. Zawsze jednak głównym zadaniem było dezorganizowanie caratu. Tu był potrzebny system. On wymagał ofiar, ofiar ze strony walczących, nieraz ofiar przypadkowych.

**Godził się pan na śmierć przypadkowych ofiar? Gdzie naro-
dowe drwa rąbią, tam cywilne wióry lecą?**

Trudno, trzeba się pogodzić ze skutkami. Bez przelewu krwi
niemożliwa jest robota bojowa w ogóle. Z chwilą, gdy krew jest
droga, a nie tania – swoja czy obca, wszystko jedno – nie ma rewolucji. Bez krwi przelewu mogą być tylko hece i kawały. Proszę
pamiętać, że „bekowska" robota ma zupełnie realne zadania. Ona
musi zawsze coś „zrobić". Stąd i termin u nas używany – „zrobić"
monopol, „zrobić" pocztę, „zrobić" człowieka…

**Ale chodzi mi o to, że planowaliście „roboty", nie biorąc pod
uwagę kosztów społecznych. Łatwo jest szafować cudzą,
a nie swoją krwią.**

Nieprawda. Nie raz trzeba było jęczącego i broczącego krwią
towarzysza zostawić bez pomocy. Z chwilą gdy się mówi „nie
przelewaj krwi", kończy się walka rewolucyjna. A tego zrobić nie
mogliśmy. Powtarzam: nie wszystko można było robić samym
sprytem i podstępem. Czasami trzeba… no cóż. W małym mia-
steczku instytucję zazwyczaj reprezentował jeden człowiek. Bywało, że był to starszy strażnik. Napad równał się jego zgładzeniu.

Proste!

To była rewolucja! Mówili nam, że napadami na instytucje finansowe brudzimy się. Że zabieramy nieraz po kilkanaście rubli.
Ale przecież tu nie chodziło o wysokość zdobyczy. Chodziło o coś
zupełnie innego. Gdybyśmy wykluczyli te instytucje z zakresu akcji – to moglibyśmy napadać już tylko na żandarmerię i policję.
A ci byli przecież mocno chronieni. Taka robota jest trudna i wymaga dużego przygotowania. Dlatego napadaliśmy na instytucje
finansowe. I to było skuteczne. Zdezorganizowaliśmy zupełnie

system krążenia pieniędzy rządowych. Doprowadziliśmy do tego, że wszystkiego trzeba było strzec. Tam, gdzie wystarczał jeden człowiek do ochrony, trzeba było postawić dziesięciu. Na każdej stacji kolejowej musiało być wojsko. A nade wszystko ciągłość naszych akcji przyprawiała wszystkich o drżączkę. Wszyscy się bali. Każdy czekał, gdzie nastąpi uderzenie.

W ten sposób pan i towarzysze zbliżyliście się do zwykłej bandyterki.

Z takim poglądem trzeba walczyć. Bandyci to jedno, bojowcy to drugie. Staraliśmy się, aby w czasie akcji rozpoznawać nas i odróżniać od bandytów. Bo przecież nasze ataki spopularyzowały jednak walkę w masach. Ludzie tego pragnęli. Ludzie nieraz pragnęli bomby dla pewnych miast, aby zbliżyć wreszcie walkę do siebie, aby posłyszeć choćby odgłos wybuchu u siebie. Trzeba im było dać organizację tej walki. Bo tu nie chodzi tylko o Warszawę. Rzeczywiście dla Warszawy wielka akcja: zabicie Grüna ma ogromne znaczenie.

Tylko powiem, że słynny z okrucieństwa Wiktor Grün był kierownikiem oddziału warszawskiej Ochrany. Zabiliście go 7 stycznia 1907 roku.

Ale jakie znaczenie miał Grün dla Psiej Wólki?! Każda Wólka ma swego Grüna, którego zgładzenie ma dla niej tysiąc razy większe znaczenie niż dla nas w stolicy.

To zapytam inaczej: lubił pan te fajerwerki? Eksplozje? Wrzaski rannych?

To ja odpowiem tak: nie jestem przeciwnikiem wystąpień większych, uderzeń donioślejszych, ale zawsze będę obstawał za zasadą aktów nieustannych, ciągłych, choćby i drobnych. Tak, wolę walkę nie poetyczną. Wolę trywialną nawet, byle była silna i skuteczna. I nie wykluczam czynów o większym stylu, efektownych. My socjaliści-rewolucjoniści byliśmy specjalistami od tych efektownych czynów. A nie tylko przytyczków i ukłuć.

Definitywnie rozstał się pan z socjalizmem w 1918 roku po powrocie z Magdeburga. To wtedy wyłożył pan swoje słynne polityczne credo. Poinformował pan swoich towarzyszy walki, tak prosto z mostu…

Towarzysze – powiedziałem – jechałem czerwonym tramwajem socjalizmu aż do przystanku „Niepodległość", ale tam wysiadłem. Wy możecie jechać do stacji końcowej, jeśli potraficie, ale teraz przejdziemy na „pan".

Znowu pięknie powiedziane! Postawmy tu zatem kropkę. I tę rozmowę o pana początkach zakończmy wspomnieniem Wilna. Bo przecież – zawsze pan to podkreślał – cały pan jest stamtąd.

Miasto mojego dzieciństwa, kocham je. Całymi latami doń tęskniłem. Do żadnego miasta zdobytego przeze mnie, nie wjeżdżałem z takim uczuciem jak do Wilna. Triumf duszy był zupełny. Gdym siedział w Magdeburgu, kat stał nad głową. Nie byłem nigdy pewien życia. I wtedy właśnie myślałem o miłym, co jak poduszka, do trumny z człowiekiem idzie. O Wilnie myślałem, do Wilna tęskniłem. Miłe miasto! Jedno z najmilszych jakie mam i jakie przeżyłem. Jedzie pan do Wilna?

W najbliższym czasie, z tego co wiem, raczej nie...

Proszę pozdrowić ode mnie całe miasto, wszystkie te cuda, co są zawarte w krótkim, pięcioliterowym słowie – Wilno. Może pan nawet uścisnąć pierwszego lepszego przechodnia, choćby to był brudny żydziak chałaciarz, a nie mówię już o wszystkich górach i lasach okolicznych.

Dobrze. Uścisnę i chałaciarza, jeśli spotkam, w co wątpię niestety, i położę się na trawniku.

Gdy na który z pagórków się wyjdzie, to można zobaczyć, jak ku niebu przez mgłę oparów błyszczą do góry wieżyce, wieżyczki, na których dzwony dzwonią. I nie wiadomo, czy się skarżą, czy o łaskę proszą, czy tęskny tylko do nieba głos wznoszą.

Zawsze pan podkreślał, że to, kim pan się stał, zawdzięcza tamtejszej atmosferze, duszy tego miasta.

Bo to prawda. Wszystko piękno w mej duszy przez Wilno pieszczone było. Tu padły pierwsze słowa miłości, tu pierwsze słowa mądrości, tu wszystko, czym dziecko i młodzieniec żył, w pieszczocie z murami i w pieszczocie z pagórkami się działo. I biegłem ku Wilnu pieszczotliwą myślą w murach Magdeburga.

To może nam pan taką jedną pieszczotliwą myśl zdradzi?

Czy widział pan kiedy efemerydy? Potworki, co żyją zaledwie pół dnia, nic nie widzą, nic nie słyszą?

Nie, nigdy.

To było w pewien czerwcowy, upalny i nieco duszny dzień. Szedłem od wspaniałej katedry po prospekcie Świętojerskim, dziś Adama Mickiewicza, szedłem, jak bezdomny tułacz, spiesząc

wieczorem na przygotowany nocleg, gdzieś za mostem Zwie-
rzynieckim. Wydawało mi się, że czas idzie na burzę. Gdym się
do mostu zbliżał, spostrzegłem wysokie łukowe latarnie, jak
gdyby przyćmione od oparów i grupki ludzi, stłoczonych
i żywo rozmawiających, tak jakby wypadek jaki zdarzył się na
ulicy. Zwolniłem kroku i nagle poczułem na sobie dotknięcie
jakiegoś owada; trwało to chwilę tylko i owad już był na murze,
by zaraz potem znaleźć się na chodniku i za chwilę znowu –
w rynsztoku. Gdym ruszył dalej, znalazłem się w jakiejś gę-
stwie tych owadów. To była gęstwa istot, które poruszały się
z tą samą bezmyślnością i jakąś tępą prawdą głupoty w różne
strony – na dół, na górę, na bok, na lewo, na prawo. Gdym
mijał most, spojrzałem w wartkie nurty Wilii – tam w cieniu
działo się to samo, co wysoko przy lampie elektrycznej. Kiedy
nazajutrz z rana wracałem ze Zwierzyńca do miasta, stróże ka-
mieniczni zamiatali dużymi miotłami gęstwę tych efemeryd do
kloaki. Patrzyłem na tę bezmyślną zielonkawą masę i myślałem – a jednak, a jednak i to jest życie! Może przez jedną chwilkę taka istota upajała się myślą, że zaraz zmieni się w człowieka. Kto wie!?

Źródła:

Gwałty w Krożach (artykuł umieszczony w formie korespondencji w „Przedświcie", grudzień 1893), *Pisma zbiorowe*, t. 1, s. 51–58.

Jak stałem się socjalistą, Zakłady Graficzne „Drukarz", Warszawa 1926.

List do Wandy Juszkiewicz, pasierbicy, z 1 czerwca 1900 r., wysłany z X Pawilonu Cytadeli Warszawskiej, *Pisma zbiorowe*, t. 11, uzupełnienia t. 2, 1898–1914, redakcja Andrzej Garlicki, Ryszard Świętek, Krajowa Agencja Wydawnicza, Wydawnictwa Szkolne i Pedagogiczne, Warszawa 1993, s. 180.

Józef Piłsudski, *„Maksymy". Idee, uwagi, myśli*, zebrał i wydał Ryszard Świętek, nakładem RSE Poland, Warszawa 2005.

Przemówienia i wnioski na konferencji Centralnego Komitetu Robotniczego Polskiej Partii Socjalistycznej, wyjątki z protokołu z 17 X 1904, *Pisma zbiorowe*, uzupełnienia t. 2, 1898–1914, redakcja Andrzej Garlicki, Ryszard Świętek, Krajowa Agencja Wydawnicza, Wydawnictwa Szkolne i Pedagogiczne, Warszawa 1993, s. 188–191.

Referat Józefa Piłsudskiego o taktyce bojowej na X Zjeździe Polskiej Partii Socjalistycznej (I Zjeździe PPS – Frakcji Rewolucyjnej). Tekst na podstawie stenogramu Adama Uziębły *Pisma zbiorowe*, uzupełnienia t. 2, 1898–1914, redakcja Andrzej Garlicki, Ryszard Świętek, Krajowa Agencja Wydawnicza, Wydawnictwa Szkolne i Pedagogiczne, Warszawa 1993, s. 238–242.

ROZDZIAŁ 3
WIĘZIENIE

Uznał pan przed chwilą endeków za zwykłych bandytów. Tymczasem Roman Dmowski uważał pana za wielkiego człowieka.

Ja go również szanowałem.

Dmowski zapytany kiedyś, czy można pana zasługi porównać do Garibaldiego, który zjednoczył Włochy, odparł: „Garibaldi? Piłsudski większy od niego, dużo większy". Nie jest tajemnicą, że za sobą nie przepadaliście. A jednak on chyba znał pana lepiej niż przyjaciele. Powiedział, że z tym pana socjalizmem to lipa. „Wierzy w socjalizm taki, jak go sobie sam przedstawia, i robi niemającą nic wspólnego z socjalizmem, czysto polską narodową robotę". Czyli uważał, że pana socjalizm to tylko poza utrwalona syberyjskim odosobnieniem.

Owszem, powiedziałem kiedyś, że socjalista w Polsce dążyć musi do niepodległości kraju, ale uzupełniłem to zdanie drugim, że niepodległość jest znamiennym warunkiem zwycięstwa socjalizmu w Polsce.

Cóż, wiele razy podkreślał to pan nawet mocniej.

Nie chodzi o lewicę czy prawicę, mam to w dupie. Nie jestem tu od lewicy i dla niej, jestem dla całości.

Zdaniem Dmowskiego, tak naprawdę był pan narodowcem. Socjalizmem zaraził się pan w więzieniach i na zesłaniu. Tymczasem, według pana, więzienia dały panu siłę. O tym chciałbym teraz porozmawiać. Jak to się stało, że zamiast osłabnąć, właśnie w więzieniu stał się pan człowiekiem o żelaznej woli.

Zacznijmy od tego, że życie każdego więźnia, jego postępowanie, nie zależy od jego chęci i woli. Dlatego nie ma więźnia, który nie szukałby metod ucieczki z więzienia. Jest to tak psychicznie prawdziwe, że staje się dla więźnia prawem. Jakby obowiązkiem.

Ale są więzienia, z których nie da się uciec.

Tak, i dlatego wszyscy na początku szukają wolności za pomocą dowcipnych środków oszukiwania tych, od których więzienie zależy. Ja robiłem sobie po ciemku nachuchania na szybie, aby choć przez chwilę stróż nic nie widział. Próbowałem schować się do kąta, aby się spłaszczyć, jak papier przy ścianie. Inni szukają wyjścia za pomocą marzenia o jakichś chytrych, jakichś nadzwyczajnych sposobach przepiłowania krat itd. Ale jest to zawsze uporczywie wracająca myśl, która człowieka ściga i z którą się człowiek pieści. Uciec z więzienia! Stać się człowiekiem jak inni! Mieć możność przejścia się po ulicach!

Można oszaleć od takiego ciągłego myślenia.

Na początku jest tak, że zaczyna się walka wewnętrzna o stworzenie sobie własnej definicji życia. Na tym może polega najcięższa prawda więzienia. Bo z czego można stworzyć to życie? Z siebie samego! Należy samym sobą i z siebie samego stworzyć to życie. To trzeba zrobić bez niczyjej pomocy. Należy dojść do takiego stanu, aby powstało coś takiego, co ja nazywam „luksusem więzienia". Kiedy człowiek szuka do tego materiału, spostrzega, iż jest tak ograniczony w środkach, tak ograniczony w sposobach, że prawie cofa się przed tym zadaniem. Ręce nie mają co robić, narzędzi dla tworzenia czegoś dla siebie nie ma. Materialne rzeczy są tak ograniczone i tak małe, że z trudem myśl pracuje, aby się o coś zaczepić.

Bo cóż w więzieniu jest? Są ściany, takie czy inne, przedmioty bardzo nieliczne, które się więźniom daje. Są muchy i inne stworzonka, które w ten czy w inny sposób w więzieniu się znalazły.

I z tego można sobie stworzyć namiastkę życia?

A jak inaczej? Nie jest kłamstwem, że byli ludzie, którzy zakochiwali się nawet w pluskwach, robiąc sobie z nich obiekt swych prac, krystalizując swoją potrzebę niezależności. Czytałem o więźniu, który wychował sobie pająka. Przez dłuższy czas robił sobie z nim rendez-vous, nawet cyrkowych sztuczek go uczył.

A pan? Gdzie pan znalazł swój „luksus więzienia"?

Miałem swój sposób. Mówiłem sobie, że moje więzienie nie jest wcale takie złe. Przecież człowiek, który nie lubi swej pracy biurowej, który codziennie idzie po tej samej ulicy – ten dopiero jest skrępowany. Taki człowiek ciągle coś m u s i. Musi dojść do pewnego miejsca, do którego nie lubi chodzić, musi codziennie siadać przy tym samem biureczku, wziąć ten sam przeklęty papier do ręki, coś tam przepisywać, oglądać te same ściany, by potem, znudzony i zmęczony życiem, powracać do siebie, do domu, tymi samymi ulicami. Gdy sobie tak przesadnie wymalowałem życie tego człowieka, a robiłem to umyślnie, ażeby uprzyjemnić swój pobyt, dochodziłem do wniosku, że on też jest w więzieniu.

Czyli ulgę przynosiło panu to, że innym też może być źle.

Albo niedobrane małżeństwo! To jest dopiero niewola, gdy się dobierze para, która parą nie chce być. I bez względu na to, czy oczy partnera są piękne czy brzydkie, bez względu na to, jakiego są koloru, są to nieznośne oczy, ciążące codziennie na człowieku, od których się oswobodzić nie można. Chyba, że poprzez ucieczkę. Bo do tego ta druga istota ma pełne prawo. I żeby to było jasne, oświadczam, że i kobieta ma prawo powiedzieć to samo o mężczyźnie w niedobranym małżeństwie.

Jasne. Ale nie bardzo rozumiem. Jak myślenie o źle dobranej parze może przynosić ulgę na więziennej pryczy?

W takim razie cofam to. Ale skoro jesteśmy już przy kobietach, to powiem tylko, że nie raz się zastanawiałem jak bardzo kobiecie jest ciężej być w więzieniu niż mężczyźnie. Przecież kobieta ma na sobie wiecznie oko jakiegoś brutala mężczyzny. Strażnik może ją podglądać bez ceremonii. Takie podglądanie to jak stawianie brutalnej stopy na samej istocie kobiecości. To jest właśnie więzienie.

No to jak to się ma z kolei do tego, co pan powiedział przed chwilą? Że więzienie dało panu siłę.

Zawsze się śmiałem, że jestem urodzony na więźnia. Mnie akurat łatwo przychodziło stworzenie tam sobie czaru życia.

Mogłem z duszy swojej wysnuć najbardziej fantastyczne bajki i myśli. To mi zawsze łatwo przychodziło. Nie przywiązałem się także do żadnej materialnej rzeczy. Poza tym, gdy tak sobie przypominam swoje „siedzenie", to muszę powiedzieć, że było w nim coś bardzo przyjemnego. Było mi mianowicie przyjemnym, jeżeli mogłem cokolwiek w celi więziennej przerzucić i poruszyć.

Zdemolować coś?

Ale w wielu więzieniach nic się poruszyć nie da. Wszystko jest przytwierdzone i przyśrubowane. Dlatego, gdy wspominam X Pawilon Cytadeli w Warszawie, czuję rozrzewniającą wręcz przyjemność. W innych więzieniach człowiek nie miał nic dla siebie. A tam wszystko należało do mnie, bo mogłem tym poruszać.

Świetna cela nr 26, gdy mnie do niej przyprowadzono, wydała mi się pięknem zjawiskiem. Była jak pokój hotelowy, bardzo kiepski co prawda, ale hotel, w którym leży moja waliza, w której mogę przebierać, wyjąć rzeczy, które mogę w ten lub inny kąt postawić lub przerzucać. Mogę w końcu stół kopnąć nogą i odsunąć, a on się usunie i mnie słucha.

Zatrzymajmy się na chwilę w warszawskiej Cytadeli. Trafił pan tam 17 kwietnia 1900 roku po tym, jak dwa miesiące wcześniej żandarmeria aresztowała pana przy składaniu trzydziestego szóstego numeru „Robotnika". Lądując w X Pawilonie, dołączył pan do rzeszy wielkich poprzedników: Traugutta, księdza Ściegiennego, Izaaka Kramsztyka.

I w dodatku byłem w świetnym humorze, kiedy w słoneczne popołudnie wprowadzono mnie do biura X Pawilonu.

Bo wcześniej spędził pan kilka miesięcy w areszcie łódzkim, a tam do śmiechu już nie było.

Rzeczywiście przypominało mi ono najgorsze więzienie syberyjskie. Wstrętny wikt, na którym prawdopodobnie robił majątek p. zawiadowca, malutka cela bez kawałka mebla, zakaz palenia tytoniu – wszystko to obrzydziło mi tę wstrętną dziurę. Byłem więc ogromnie zadowolony, że przenoszą mnie do Warszawy. Lecz bodaj najpoważniejszym powodem doskonałego humoru było podniecenie, jakie odczuwałem, wstępując w mury instytucji, która tak ściśle się splotła z męczeńskimi dziejami naszej ojczyzny.

To miejsce zobowiązuje.

Paliła mnie wprost ciekawość. Chciałem wiedzieć, jakie też wrażenie wywrze na mnie Cytadela. Byłem więc wesół i podniecony, gdym wchodził w asystencji dwóch żandarmów do biura Pawilonu, a na moje powitanie podniósł się z krzesła gospodarz zakładu, sztab-rotmistrz żandarmerii, p. Farmunda.

P. Farmunda był dobrym typem żandarma. Grzeczny i słodki w obejściu, o ciemnych oczach łaszczącego się kota. Ruchy miał – w *pedant* do figury i rysów twarzy – okrągłe, uśmieszek na ustach pod wymuskanym wąsikiem przymilający się. Otworzył księgę i notował w niej moje odpowiedzi na zwykłe w tych wypadkach pytania o wiek, miejsce urodzenia itp.

Po ukończeniu tej formalności zwrócił się do mnie z uśmiechem, żebym się rozebrał, bo muszą mi zrobić rewizję. Zrzuciłem marynarkę i kamizelkę, które natychmiast schwycił stojący z boku wachmistrz. I wtedy pomyślałem, że może darujemy sobie paradowanie wobec żandarmów w stroju Adama. Przecież od czasu aresztowania to była już czwarta rewizja. Raz przy aresztowaniu, drugi raz w więzieniu łódzkim, trzeci w Warszawie w zarządzie gubernianym, czwarty raz tutaj. I tu niespodzianka! Pan rotmistrz zgodził się ze mną. – Niech tylko będzie pan łaskaw zdjąć krawat, bo ten zostanie u nas – powiedział.

Sznurowadła i krawacik, no jasne.

Pierwszy raz się z tym spotkałem. Zapytałem: a czemu? „Takie u nas prawo" – powiedział. Wprawiło mnie to w jeszcze weselszy humor. Takie to *echt russisch* w swojej mądrości! Byłem w więzieniu, gdzie więźniom odbierają wszystko absolutnie i przebierają w odzież więzienną, lecz zostawić człowiekowi bieliznę, garnitur, kapelusz, palto, ba, wnosić do celi, jak to robią w Cytadeli, walizki i koszyki z całym bagażem więźnia, a odebrać mu, jako rzecz najniebezpieczniejszą – krawat, tego się nie spodziewałem. To było wspaniałe i zaimponowało mi oryginalnością. – No, trudno – powiedziałem ze śmiechem – choć przyzwoiciej jest chodzić bez koszuli niż bez krawata.

A tytoń? Był pan wtedy nałogowym palaczem.

Farmunda powiedział, że zgodę na papierosy musi wydać oficer od badań. Ale z piwem czy winem nie będę miał problemu. On pozwala więźniom na kupowanie sobie trunków na mieście. Zażartował nawet, że jest pewny, że nie będę nadużywał. Uspokoiłem go, że przecież samotność nie usposabia do picia. Na koniec poprosił, że jeśli będę miał jakiś interes, skargę lub pretensję, to niech mówię dyżurnemu żandarmowi, a wtedy on natychmiast do mnie przyjdzie. I powiedział, co mnie zdumiało już absolutnie, że moje bagaże wniosą mi do celi. „Numer trzydziesty dziewiąty!" – rzucił rozkaz po rosyjsku, zwracając się do wachmistrza.

Nie dwudziesty szósty? Wcześniej pan mówił o celi numer 26.
Nieważne. Z tego, co pan mówi, Cytadela to było prawie sa-
natorium. Sam pan poszedł do celi czy jednak w asyście żan-
darmów?

Jeden żandarm przede mną, jeden żołnierz z warty za mną.
Był uzbrojony w karabin z bagnetem. Uśmiechnąłem się z za-
dowoleniem: tak paradnej asysty nie spotkałem w żadnym więzieniu.

Jak wyglądał X Pawilon?

Dość szeroki korytarz, o nieprawidłowych konturach, prowadził środkiem. Na prawo i na lewo drzwi do cel więziennych. W tym korytarzu znajdowało się pięć cel. I na te pięć cel
stał jeden żołnierz na warcie, a drugi przechadzał się po korytarzu. Potem skręciliśmy na prawo i weszliśmy do nowego korytarza. Pamiętam, że ten był ciemniejszy i dłuższy. Dwanaście
cel z taką samą obsługą. Żandarm, który mnie prowadził za-
trzymał się przy ostatnich, potem skinął na swojego kolegę.
Ten odsunął kolanem zasuwę, otworzył drzwi – były to drzwi
do celi numer trzydzieści dziewięć – i do niej wszedłem. Za
chwilę wniesiono moje walizki.

Pierwsze wrażenie?

Cela była duża, ściany szare, źle pobielone, podłoga ciemno-
szara, cementowa. Nisko położone okno, obok stół niesłychanie
brudny. Pod warstwą tłuszczu i kurzu trudno było odnaleźć ślady drzewa. Pod stołem skromny wiejski drewniany stołek. Przy
ścianie łóżko żelazne, którego części były wykrzywione i pogięte.
Czuć było stęchlizną w połączeniu z zapachem, właściwym po-
kojom, dawno nieprzewietrzanym i niezamieszkanym. Drzwi

drewniane, również brudne, na których świeciły białe plamy, po-
wstałe po odłupaniu od nich drzazgi. Z korytarza dochodził do
mnie szmer głosów i urywany śmiech – to żandarmi z dwóch
sąsiednich korytarzy skracali sobie nudy dozorowania pogawęd-
ką. Od czasu do czasu kroki przechodzących żandarmów i żołnierzy. Gdym to wszystko obejrzał i wsłuchał się w szmery
i dźwięki, nie mogłem się oprzeć wrażeniu, że gdzieś już widziałem coś podobnego.

Déjà vu. Z jakiegoś innego pierdla?
   Nie! Nie było to inne więzienie. To było coś związanego
z Litwą, bo mi się nagle przypomniały moje włóczęgi po tym
kraju. Tak, pamiętam dobrze! Kilka lat przedtem wypadło mi
być w jednym z zapadłych kątów Litwy. Złapała mnie ulewa
i zmokły, zziębnięty kazałem furmanowi zatrzymać się w przy-
drożnej karczmie, która stała za niewielką wioseczką wśród
lasu. Karczma była murowana i z daleka wyglądała dość przy-
zwolicie. Lecz podjechawszy bliżej, spostrzegłem, że to tylko
resztki dawnej świetności, w istocie była to rudera. Tynk kawa-
łami odpadał ze ścian, tworząc rumowisko na ziemi. W dachu
świeciły dziury, szyby w oknach, względnie dużych, albo z ka-
wałków szkła, misternie i dziwacznie sklejonych, albo też nie
istniały wcale. Wchodzę do środka, a tu...

...Dzierżyński?!
   Nie, spotykam starego Żyda. Ten od razu prowadzi mnie do
pokoju, przeznaczonego dla „puryców". I ten właśnie pokój był
jak gdyby kopią mojej celi w X Pawilonie. Brudny stół i podłoga, wykoślawione łóżko, poszarpane i połupane drzwi, nawet
drewniana, brudna, napełniona piaskiem spluwaczka w kącie

pokoju – wszystko to, a szczególnie zapach zgnilizny, nasunęły mi tak żywo przed oczy karczmę litewską, żem sobie przypomniał i rozmowę z gospodarzem karczmy, starym Ickiem o melancholijnym spojrzeniu zarzynanej tępym nożem kozy.

Melancholijne spojrzenie zarzynanej tępym nożem kozy… Boże, co za fraza! Żandarmi, aresztując pana wtedy w Łodzi, zabrali światu wybitnego pisarza.

Wybitnego? No nie wiem. Ale samo zatrzymanie i przesłuchanie też były zabawne, zaraz opowiem. Skończę o karczmarzu. Icek miał powody być melancholijnym. Tak dobrze mu się powodziło dawniej. Karczma stała na dawnej drodze do Wilna. Przeciągały nią i sute pańskie kolasy, i ładne bryki szlacheckie, i ładowne wozy chłopskie. Wszystko to zatrzymywało się przy karczmie Icka, popasało tam, piło, jadło, nocowało. Sam hrabia X – Icek nawet wymienił mi nazwisko tego litewskiego magnata – nocował u niego. Icek miał wówczas czym przyjąć takich panów. Sprowadzał nawet z samego Wilna doskonałe wino Madera od „Zabłocki i Kalita". Dobre były czasy! A teraz? Poprowadzili kolej i postawili stację, do której droga wypada nie tędy. I Icek musi bankrutować. Samowar jeszcze ma – powiedział. Już jego córka Sura go nastawia, zaraz go przyniesie, ale chleb jest tylko chłopski – razowy, może jeszcze Sura znajdzie parę jaj, ale ani mleka, ani mięsa już nie ma. I Sura – młoda, tęga Żydówka, nie myta, nie czesana od Bóg wie kiedy, z zaspanymi oczami, w brudnej, zaszarganej spódnicy i nieszczelnie zapiętym kaftaniku – Sura wniosła przedmiot dumy bankrutującej karczmy – samowar. Stylowy i pękaty, gotujący się z niesłychanym hałasem, jękiem i świstem, nieczyszczony co najmniej od kilku lat, pokryty zielonymi plamami, zakapany stearyną, z zakatarzonym, kapiącym kranem i nierównymi nóżkami.

I co? Co było dalej?
Moje myśli przerwał zgrzyt otwieranych drzwi.

W karczmie?
Do celi wpadł z obiadem żołnierz-posługacz. Ten też był stylowy. Pociągał co chwila swym długim nosem, twarz i ręce miał jakiegoś nieokreślonego, ziemistego koloru. Ubranie – mundur i spodnie – wisiały nań strzępami, a buty były wykrzywione i połatane. Postawił na stole obiad i z miną człowieka spełniającego poważny obowiązek, wyjął z kieszeni spodni cynową łyżkę, którą położył na stole.

Obsługa na sto dwa.
Miał przy tym tak dobroduszną minę, żem się nie zdobył na oburzenie i w myśli nazwałem go Surą. Swoją jednak drogą siadłem do obiadu ze złością. Ta łyżka, wyciągnięta z brudnej kieszeni znoszonych spodni, irytowała mnie. „Masz ci bankrutującą karczmę!” – mruknąłem z gniewem. Ileż to już pokoleń, siedząc w X Pawilonie, marzyło o zbliżającym się bankructwie!

Rzeczywiście: pana wyobraźnia musiała być sojusznikiem w odsiadce.
A ja miałem szybką i żywą fantazję. Umiałem stworzyć sobie życie myśli, życie marzeń, życie rojeń, życie, w którym swobodniej szalałem. A nie jest to łatwe w codziennym życiu, gdzie jest tyle oczu podglądających człowieka. Wtedy tworzyłem wszystko, co mnie się żywnie podobało, bo czasu było dosyć.

Ale zbyt bujna wyobraźnia, to też niedobrze.

Wyostrzona samokrytyka i samoanaliza bardzo często prowadzi więźnia na błędne i ciężkie drogi. A to z kolei prowadzi do znienawidzenia ludzi. Ile to ja razy dostrzegałem u więźniów ten chorobliwy objaw!

Jak pan zabijał czas?

Czym się biedny więzień nie zajmuje! Zaczyna studiować języki. Ten, który nigdy w życiu języków nie studiował, zaczyna to robić. Męczy się biedaczysko nad jakimiś dzikimi słowami obcymi, szuka w nich sensu, nie umie wymawiać, nabiera błędów, których się potem nigdy pozbyć nie może, tak jak ja w języku angielskim. W więzieniu nauczyłem się angielskiego, ale nabrałem błędów, których nigdy już poprawić nie byłem w stanie. Już się przyzwyczaiłem do mojej fałszywej wymowy.

Hazard?

Gdzie? Z kim? W celi pojedynczej? Byłem ongiś namiętnym szachistą, lubiłem szachy szalenie, ale grać trzeba z kimś. Próbowałem urządzić sobie szachownicę maleńką i pamiętam, jak w pietropawłowskiej fortecy, nie mając żadnych instrumentów do tego, urządziłem sobie jednak szachownicę na książce, która w każdej celi tam leżała, tj. na Biblii. Za pomocą zapałek, gdyż zapałki miałem w ręku, bo szczęśliwie pozwolono mi palić, robiłem czarne pólka, szachy lepiłem tak niezgrabnymi rękami, że wstydzę się komukolwiek pokazać moją wieżę i mojego nieszczęsnego laufra. Chowałem to tak sprytnie i umiejętnie przed codzienną rewizją, która się odbywała w celi, by jak najdłużej zachować ten skarb oszukańczy. Teraz śmiech mnie wzbiera, gdy przypomnę, jak urządziłem to życie więzienne.

Słynne więzienie w Petersburgu należało do najcięższych w imperium. Tam spotkał pan rodaka ze Żmudzi.

Niejakiego Janowicza. On broniąc się psychicznie od zarazy więzienia, wytworzył sobie systematy statystyczne, na podstawie których udowadniał jego ukochane pragnienie. Dowodził za pomocą tych skąpych źródeł statystycznych konieczności niepodległości Polski. Pompował z siebie raczej dane niż z tych szmatek małych, które mu się udało dostać do czytania. Ileż niezwykle ciężkiej pracy przeszła ta dusza, nim mogła uwierzyć — bo człowiek był inteligentny, że to jest prawdą, co on robił, przy tak ubogim materiale, który posiadał. Zawsze wspominam z pewną przykrością, że człowiek, który tyle czaru umiał wydobyć w więzieniu, wypompował z siebie siły psychiczne, do tego stopnia, że gdy go wypuszczono na Syberię, nie wytrzymał życia – skończył samobójstwem.

Z kolei więzień Łukasiewicz oddał się pasji przyrodnika.

Mój rodak wilnianin był prawie skończony przyrodnik, gdy zamknięto go w Schlisselburgu. Cóż on czynił. Badał trawki, rosnące mizernie na podwórzu więzienia. Szukał śladów życia na tej przestrzeni 100 sążni czy 100 metrów kwadratowych. Skończony wielki umysł przyrodniczy, duszę ratował w swój sposób. Bo czas w więzieniu inaczej płynie. Znalazłem nawet na to określenie: czas stojąc, szybko biegnie. Bo czas właściwie się tam nie rusza.

To jest straszna udręka. Te powolne przelewanie się minut.

Na wolności im więcej mamy wrażeń, tym dzień i godzina jest dłuższa. Przynajmniej tak się wydaje. W więzieniu tego nie ma, bo nic się tam właściwie nie dzieje. Wrażenia są tak ubogie, że dusza czepia się najbardziej nonsensownych rzeczy, aby czas ten na kawałki podzielić. Nie przypuszczam, abym się omylił, gdyż pod tym względem więźniów specjalnie nie badałem, ale w więzieniu obiad, kolacja są niesłychanie ważnym elementem życia. Służą jako podziałka czasu. Ta ubogość życia codziennego daje mus szukania jakiegoś podziału dnia, jakiegoś podziału czasu, a tymczasem dzień za dniem jest podobny tak niesłychanie, że człowiek jednego dnia jest w lepszym, innego dnia jest w gorszym humorze.

Już po kilku miesiącach odsiadki w Cytadeli wyglądał pan jak wariat. Brat, który pana odwiedził, wspominał potem, że twarz miał pan wychudłą i zapadłą, cerę ziemistą, nie patrzył pan w oczy. Co chwila oblicze wykrzywiał panu jakiś nerwowy skurcz. Ja wiem, że pan wtedy udawał wariata, ale proszę nie mówić, że odsiadka nie wyryła w psychice trwałych śladów.

To prawda. Najgorsza jest samotność. Ileż to dowcipnych i upokarzających metod używają więźniowie, aby się ze sobą porozumieć. Ile dowcipnych znaków wymyślono, aby choć jedno na dzień przekazać. Ulegania temu musowi, wystrzegałem się stale. Pamiętam, że gdy kolega zaczął walić do mnie pięścią ze złości, żem go nie słuchał i nie odpowiadał, zacząłem w końcu dawać znaki: że go nie rozumiem. Generalnie, żeby nie oszaleć, badałem człowieka. Wszystkich dozorców, każde drgnięcie muskułów, każdą zmianę, łapałem natychmiast. W każdym więźniu szukałem człowieka walczącego, który przed walką nigdy się nie cofa, i nieprzyjaciela, by go zbadać i zrozumieć. Ileż rozkosznych minut spędziłem w Cytadeli Warszawskiej, która jest tak głupio akustycznie urządzona, że więzień słyszy w celi więziennej, co się mówi na korytarzu. Tak,

jakby z rozmysłem robione były cele na to, aby badać dozorców, a nie więźniów. Spędzałem godziny, podsłuchując, jak do-
zorcy z sobą rozmawiają.

**Pana więzienne portfolio jest dość pokaźne. Które więzienie
pan rekomenduje?**

Polskie więzienia pod zaborem rosyjskim tym się różnią od
rosyjskich, że oddziałują na więźniów tylko czystym gwałtem
i przemocą. Rosyjskie robią to za pomocą wręcz naukowego
poszukiwania boleści i przykrości. Są konsekwentne w robie-
niu strachu. Panuje tu przepych siły brutalnej, przemoc jest
zwyczajna, która się niczym nie krępuje. Tymczasem kierow-
nictwo warszawskiej Cytadeli, nie dbało o nic. Tak wesołego
więzienia, jak X Pawilon, to ja na świecie nie widziałem.

Jak to?

To, co gdzie indziej jest najsurowiej zakazane, tu jest dopusz-
czalne. Na przykład kopanie tuneli. Każde pokolenie rozkopuje
tunele w murach. Władze więzienne najspokojniej je naprawiają,
by następne pokolenie te tunele znów świdrowało. Tak, jak gdyby obowiązywała zasada: niech ich diabli, niech sobie robią te
tunele, skoro muszą. Poza tym w polskich więzieniach wszystko
można ruszać. Można przerzucać stale z miejsca na miejsce.
Przyznam, że takiego więzienia-hotelu nigdzie indziej nie widziałem. Pamiętam kiedyś moje olbrzymie zdziwienie, gdy, wy-
prowadzony na spacer, spostrzegłem namioty żołnierskie, rozbi-
te w ogrodzie. Parę drzewek owocowych, z których ci żołnierze
kamieniami zbijali gruszki. Rzecz nie do pomyślenia w żadnym
rosyjskim więzieniu.

Czyli, jeśli tak w ogóle można powiedzieć, w Cytadeli czuł się pan najlepiej?

Za czasów przynajmniej mego pokolenia, ludzie najmniej się tu męczyli. Tu się czuli najswobodniej. Więcej panami więzienia, niż to było gdzie indziej. Dlatego też z pewnym niepokojem jechałem jeszcze do jednego kraju, do więzienia, którego nie znałem, do Niemiec. Niemców sobie zawsze wyobrażałem tak, jak Polacy sobie wyobrażają: „Tam dopiero jest porządek!".

***Ordnung!* To chyba buduje poczucie bezpieczeństwa?**

Nie ma nic gorszego dla więźnia, jak porządek i reżym więzienny. Każdy więzień chce przecież ten porządek naruszyć. W Magdeburgu przebywałem w wyjątkowych warunkach. Tak pięknie nie trzymano mnie nigdy w Rosji. Lecz wcześniej przewieziono mnie przez cztery więzienia wcale nie generalskie. Przypatrywałem się więc temu, jak to jest u Niemców. Jest tam brutalne obejście, nakazane, musowe, dlatego by utrzymać porządek i karność. Lecz poza tym chęci męczenia człowieka, chęci zadawania mu strachu, chęci robienia mu jakichkolwiek specjalnych przykrości, nigdy nie spostrzegłem. Trzeba się trzymać przepisów wywieszonych na ścianie, czego w Rosji nigdzie nie było. Tak, że z chwilą, gdy się przeczytało te przepisy na ścianie – każdy w Niemczech umie czytać – to się już wiedziało, czego się trzymać. Każdy tam „urzęduje". Urzęduje dozorca, urzęduje i więzień.

Jak wyglądało więzienie w Magdeburgu?

Nosiło zabawną nazwę: Sommerofficiersarreststube. Miało to oznaczać, że odsiadują tu karę oficerowie garnizonu magdeburskiego. A zarazem, że nie jest przeznaczone dla użytku

w zimie. Przetrzymano mnie tam wprawdzie przez cały czas
zimy z 1917 na 1918, lecz nie mam z tego powodu do nikogo
pretensji. Bywało i zimno, lecz nie mogę powiedzieć, aby się nie
starano, nieraz i bardzo gorliwie, o usunięcie tych braków. Przypuszczam, że wybrano dla mnie to miejsce dlatego, że w nim
najłatwiej można było wykonać surowe nakazy z góry: zupełne-
go izolowania mnie od całego świata. Mieszkałem zresztą wcale
wygodnie.

W takich warunkach chyba najłatwiej zwariować.

Tak, to dla większości ludzi niebezpieczne dla zdrowia. Do
rozporządzenia miałem trzy cele: pokój sypialny, coś w rodzaju
pokoju, w którym mogłem kogoś przyjąć, a co w mojej sytuacji
mogło mnie tylko do śmiechu pobudzać, i trzeci – pokój jadal-
ny. Wszystkie trzy cele, cały dzień otwarte, wychodziły na ogró-
dek, w którym było kilka drzew owocowych i trochę niewiel-
kich krzewów czy roślin. Za ogródkiem był wielki wał ziemny
dawnej fortecy, porosły murawą, wyższy znacznie od domu. Na
dole, w parterowych celach mieszkali podoficerowie, przezna-
czeni do pilnowania mnie, i ordynansi, których systematycznie
co pewien czas mi zmieniano. W ogrodzie stał żołnierz uzbrojony, jako stała warta. Cały ogród był oddzielony od reszty świata, czyli od ogromnego podwórza Cytadeli, wysokim szczelnym
parkanem, zbitym z desek. Do świata zewnętrznego prowadziła
furtka, za którą stał inny posterunek, wydzielony z fortecznego
odwachu.

W tych warunkach przesiedziałem rok cały zupełnie samot-
nie i dopiero w połowie sierpnia 1918 r. przybył jako towarzysz
niedoli więziennej – gen. Sosnkowski, z którym pozostałem aż
do zwolnienia mnie w listopadzie 1918 r.

I jakby pan podsumował te półtora roku w niemieckiej niewoli?

Do życia więziennego, jak już mówiłem, jestem urodzony. Bardzo łatwo znoszę samotność, nie odczuwając, jak inni, całego jej ciężaru. A jednak dla ludzi tak skrupulatnie izolowanych, odciętych od świata jak ja byłem – życie stało się ciężarem prawie nie do zniesienia. Dla mnie było to tym cięższe, że zostałem wyrwany z życia pełnego zmian i tak bogatego we wrażenia.

Czyli po przygodzie legionowej.

Żyłem wtedy życiem wojennym, w którym nerwy ludzkie przyzwyczajają się do wiecznego ruchu, do codziennej zmiany zajęcia, do koniecznej, a codziennej przemiany samego siebie w coraz to nowy instrument walki. A więc cisza więzienna i niezwykła, bo niemiecka, monotonia były doskonałym gruntem dla żrącej tęsknoty. Aby ją opanować zmuszałem siebie do analizy swego postępowania jako dowódcy. Bawiłem się w krytykę, czy to siebie, czy to swych podwładnych, by oczy przestały widzieć, uszy słyszeć, a serce biło trochę mocniej. W końcu zrobiłem dla próby gimnastykę woli i zaniechałem na dwa tygodnie palenia. Gdy to nic nie dało, pomyślałem, że najprostszym sposobem pozbycia się ciężaru tęsknoty jest próba rzucenia wspomnień na papier.

I tak powstały _Moje pierwsze boje_. Adolf Hitler też coś napisał w więzieniu. To może nie najlepsze porównanie, ale on akurat pana wielbił i podziwiał. Zostawmy go. Powiedział pan kiedyś, że wielu Polakom pobyt w więzieniu się przydał. W czym był pomocny?

Przez dłuższy okres czasu więzienie było częścią kultury polskiej. Smutne wyznanie, a jednak jest w tym jakiś czar i urok. Mickiewicz w jednym z największych swych utworów, przenosi nas nie gdzie indziej, jak tylko do więzienia, gdzie więzień-poeta, po przeżyciu moralnym, po przebyciu tej drogi, o której mówiłem, po stworzeniu tam swojego więziennego własnego życia, pisze: „odradza się nowy człowiek. Natus est Conradus". Rodzi się nowy człowiek więzienny, człowiek, stworzony przez własną potęgę, przez własną siłę duszy, przemienioną w diament, który rył najtwardsze przedmioty.

Właśnie do tego zmierzam. Chwali pan więzienie jako kuźnię dla duszy.

Siła życia więziennego niechybnie czar taki daje. Nie ma wątpliwości, że przez te 150 lat polska psychika więzienna była czymś, co dotykało głęboko ludzi w Polsce i nie było człowieka, który by o więzienie się nie otarł, o więzieniu nie mówił, do więzienia się nie zbliżał. Nie ma wybitniejszej czynności podczas 150 lat ubiegłych, przy której więzienie nie byłoby towarzyszem życia Polaka od kolebki aż do grobu. O więzieniu mówił każdy, jako o żywej cząstce swej duszy...

A jednak to dobrze, że kolejne pokolenia już tej szkoły życia nie przeżyły.

Bo jest nad więzieniem jakoby siła, i czar zapomnienia także. Mijamy w przeszłość, my, więzienni ludzie, my, ludzie z epoki więzień! Narasta młode pokolenie, nowe pokolenie, które obce wkrótce nam będzie, dlatego, że tej czary goryczy i rozkoszy, której dotykaliśmy, już nie dotknie. I zawsze, gdy myśl moja staje przed tym pytaniem – widzę oczka dziecinne, które patrzą ze zdumieniem, że mogły być takie czasy, gdy więzienie, a więc to, co jest upokorzeniem człowieka, to, co go przybija do ziemi – budzi w nas jeszcze zapał, oczy zapala, uśmiechem lica krasi. Zawsze jednak ze spokojem kończę te rozmyślania więziennego człowieka o tych, co idą. Niech zapomną o nas, o naszych walkach i cierpieniach, niech idą na nowe życie, niech idą swobodnie, zapominając o nas, by życie nowe tworzyć.

Rozumiem, że mówi pan także w imieniu swojego starszego brata, skazanego na piętnaście lat ciężkich robót. Bronisław – przypomnijmy – był sądzony za udział w zamachu na cara Aleksandra III.

W dodatku niesłusznie.

Widział pan kiedyś skazańca, który poczuwałby się do winy?

Bronisław z natury był nadzwyczaj łagodny i nieskłonny do wszelkich środków gwałtownych, należał do przeciwników terroru.

Trochę inaczej niż pan...

Uważał swój udział w zamachu na życie cesarza za omyłkę! Jak mi jest dobrze wiadomym, z wielką goryczą odzywał się o tych kolegach-Rosjanach, którzy go do tej sprawy pomimo jego chęci wplątali.

Zostawmy to, ja nie o tym chciałem. Na zakończenie chciałbym wspomnieć, że mimo krat i przymusu więziennego nie tracił pan poczucia humoru. W 1888 roku wystosował pan z Syberii prośbę do Jego Ekscelencji Pana Ministra Spraw

Wewnętrznych Rosji o przeniesienie do miejsca zesłania **brata. Świetny pomysł, aby was – obu terrorystów – osadzić w tym samym miejscu.**

Wiedząc, że bratu memu, jak i mnie ciężko żyć osobno – napisałem w liście – że chciałbym pozostałe mi jeszcze do końca terminu zesłania trzy lata przebyć razem z nim. Z tego powodu – zacytuję – „mam zaszczyt prosić Waszą Ekscelencję o przeniesienie mnie na wyspę Sachalin, do wsi Rykowskoje, gdzie mój brat obecnie się znajduje. Jednocześnie mam zaszczyt prosić o przeniesienie mnie na rachunek skarbu, ponieważ na przejazd takiej wielkiej przestrzeni potrzeba dużo pieniędzy, a ja ich nie mam".

Niezły tupet, muszę przyznać. Niestety dla was obu minister miał zaszczyt odmówić.

Źródła:

Prośba o przeniesienie z Kireńska na Sachalin; *Pisma zbiorowe*, t. 1, s. 16–17.

Przedmowa do *Moich pierwszych bojów* z 7 lutego 1925 r., *Pisma zbiorowe*, t. 8, s. 165–169.

Psychologia więźnia, odczyt z 24 maja 1925 r., polska odbitka z „Revue Pénitentiaire de Pologne", Warszawa 1931.

ROZDZIAŁ 4
LEGIONY

Dla żołnierza wojna to nie jest to samo, co dla panów ubranych w tużurek…

Rozumiem, że wojna jest tylko dla twardzieli.
Tylko dla prawdziwego żołnierza. Bo wojna to jest kochanka. I tak, jak pierwsza miłość tkwi zawsze w pamięci dojrzałego mężczyzny, tak samo dla mnie, dla żołnierza, wojna jest tym pierwszym pocałunkiem.

Aż tak romantycznie?
Być może jestem romantykiem, a być może dlatego, że nigdy nie byłem zwolennikiem pracy organicznej, wszedłem w tę wojnę. Ale porwało mnie w niej coś wielkiego i to, że otworzyła się możność czynu polskiego. Było w niej tak dużo rozrzewniającej poezji, jak w młodzieńczej pierwszej miłości.

Każda wojna to poezja?
Na pewno ta, którą przeżyłem razem z Legionami, z Brygadą, którą dowodziłem.

Czyli, jeśli dobrze rozumiem, czyn legionowy to uniesienie romantyczne?

Wydaje mi się to niesłychanie śmieszne. Bo po upadku powstania 1863 roku słowo „romantyczny" nabrało jakiegoś dziwacznego charakteru, zaczęło oznaczać po prostu „głupi".

Są tacy, co uważają za głupie nasze wszystkie insurekcje.

A niechaj nawet tak będzie. Ustąpię i będę używać słowa „romantyczny" jako „głupi". Bo jest zwyczajem nazywać grzecznie „romantycznym" tego, komu się coś nie udało. Jest zwyczajem, żeby człowieka niepraktycznego, który zabłądzi choćby w trzech sosnach, który drogi żadnej znaleźć nie potrafi, mienić nie głupim, lecz „romantycznym". „Romantyczny" to coś w rodzaju małego, niezdarnego dzieciaka, który siedząc na ręku matki, niepewne rączki wyciąga po jakąś błyskotkę i zamiast ją chwycić ku wielkiemu swemu zdziwieniu chwyta nie ją, a kosmyk włosów matki. I takim właśnie romantycznym dzieckiem mieliśmy być my, legioniści.

Chyba jednak z takim poglądem to pan się nie zgadza.

Taki sposób krytyki, chyba jednak świadczy o głębokiej nieudolności myślenia! Bo czegóż chcieli legioniści? Po co wyciągali oni swe nieudolne, dziecinne rączki? Chcieli dać Polsce żołnierza. Powiedzmy: chcieli błyskotki. Ale wyciągali jednak rączkę tak zręcznie i tak umiejętnie, działali tak praktycznie, tak trafnie dobierali odpowiednie środki, że pomimo przeszkód, stawianych im nie tylko przez zaborców, lecz i przez „nieromantycznych" Polaków – błyskotkę tę wreszcie złapali. Ba, można powiedzieć więcej!

Ale nie jest pan konsekwentny. Każdego roku bierze pan udział w uroczystościach kombatanckich i raz pana wspomnienia pełne są wzniosłych peanów na cześć legionowej wojenki, a raz pełne goryczy i bólu.

Kocham żołnierkę. Lecz tych najwcześniejszych moich zetknięć z wojną nie poruszę. Na razie to zanadto mnie boli.

W każdej miłości są wzloty i upadki, nie sądzi pan?

W tej mojej miłości było chyba zbyt dużo momentów niewojennych, a zarazem zbyt dużo zetknięć z brutalną prawdą niemocy i jakiejś niewolniczości własnego społeczeństwa. Tak było! Polacy długo uparcie woleli odepchnąć od siebie wszelką myśl o samodzielności, zbyt długo starannie szukali uległości i posłuszeństwa obcym.

Chodzi o wejście I Brygady do Kielc, o tę fatalną inaugurację Legionów? Kielczanie zatrzaskiwali okiennice na wasz widok.

Bo pierwsze spotkanie ze strzelcami było pełne niedowierzania. Patrzyli się na tę garstkę żołnierzy źle ubranych, mieszczących się w czterech domach, idących bez żadnego oparcia i poparcia – nieufnie. Gdym wjeżdżał w mury miast Królestwa na mojej wiernej kasztance, pamiętam osłupiałe wejrzenia idące od chodników, stolików, cukierni...

Zmysły prysły?

Nie mam wyrzutów dla tej obojętności dla czynów wariatów, nieprzytomnych ludzi, nie liczących się z rzeczywistością. Ja jednak mogę być z tego dumny, że 6 sierpnia 1914 r. rozpocząłem karierę bajeczną i nieznaną w dawnej Polsce. Karierę człowieka, który z człowieka nieznanego, człowieka, od którego wszyscy uciekali, stałem się tym, którego cała Polska ma obowiązek witać jako naczelnika państwa.

Przypomnijmy tylko, że 6 sierpnia 1914 roku wyruszyła z Krakowa do Kongresówki Pierwsza Kompania Kadrowa Legionów, ten skromny zalążek wojska polskiego. Od tego wszystko się zaczęło.

Tak bajeczną i błyskawiczną karierę rzadko się w życiu narodów spotyka; trzeba, powiadają, do tego szczęścia. Ja szczęście mam, ale chciałbym dodać, że trzeba czegoś innego. Droga legionistów była trudna i żmudna. Drogę ku postępowi torowaliśmy sobie z wolna. Na ziemi polskiej tańczono wtedy olbrzymiego kontredansa, przy którym całe połacie polskiego kraju przechodziły z rąk do rąk raz po raz. Ludzie się zatracali w tym zmienianiu bezustannym jednego pana na drugiego.

I o tym chciałem teraz porozmawiać. Gdy wybuchła wojna, bezbłędnie wyczuł pan, że trzeba się związać z jednym z zaborców. Najsłabszym. Bo to jest droga do niepodległości.

Było dla mnie jasne, że Polska będzie teatrem wojny pomiędzy trzema zaborcami. Mówiłem wtedy, że w wojnie tej nie idzie o Polskę, nikt o Polskę walczyć nie będzie. W ogóle się nie łudziłem, że wojna pomiędzy zaborcami o nas i o nasze dobro toczyć się będzie. Bo Polska wojny nie szukała, wojny nie chciała, wojny nie wywoływała – wojna, przez innych toczona, nie miała żadnych, choćby najmniejszych zadań, tyczących się Polski.

Zawsze pan podkreśla, że tak widział to tylko pan.

Bo większa część moich rodaków wolała sądzić, że każde z państw zaborczych specjalne ma umiłowanie do Polaków i ma specjalne chęci pomożenia Polakom. Z takim społeczeństwem miałem do czynienia, gdym swój rachunek robił, a społeczeństwo pod tym względem było tak zatwardziałe, tak pewne, tak zarozumiałe ze swojego rozsądku, że żaden argument, żadna siła, żadna mądrość do tych głów i do tych serc trafić nie mogła.

Brzmi to jak zarzut. Wielki zarzut!

Chcę jedynie stwierdzić fakt niezaprzeczony! We wszystkich trzech częściach Polski mobilizacja sił państwowych tzn. zaborczych najzupełniej się powiodła. Fakt ten można najrozmaiciej tłumaczyć, najrozmaiciej upiększać lub ganić. Ale twierdzić, że Polacy postąpili inaczej, niepodobna. Mogę więc śmiało powiedzieć, że Polacy zdecydowali się nie opierać prawom swego państwa zaborczego. Postanowili służyć podczas wojny pod sztandarami, godłami i znakami obcych.

Nie było innego wyjścia.

Polacy musieli być awangardą w tej bratobójczej wojnie. Pierwsze krwawe i mordercze boje toczone były przez Polaków z Polakami. Z jednej strony więc – austriackiej – szły ku Lublinowi korpusy I i X, krakowski i przemyski, w których co najmniej 90 procent stanowili Polacy. Odwrotnie, z rosyjskiej strony, w obronie Lublina i jego okolic stawał XIV korpus rosyjski, z tej właśnie ziemi zmobilizowany. Na północy, ze strony niemieckiej, szedł korpus XVII gdański, zmobilizowany z dzisiejszego Pomorza, a przeznaczony do walki z korpusami rosyjskimi zmobilizowanymi w Warszawie, Płocku, Łomży, Grodnie i Wilnie. I to jest smutna prawda. Jest dla mnie obojętne, jakie uczucia szarpały serce tego czy innego Polaka, gdy strzelał do swych zakordonowych braci. Takie jest prawo wojny.

Mówi pan, że zrobił wtedy rachunek. Jaki?

Rachunek był taki: Niemcy ze swoją żelazną organizacją, ze swoją wściekłą maszyną chwycą od razu wszystko, co jest zdatne do wojny. Cały materiał ludzki zostanie zużyty na cele wojny. W takiej sytuacji powiedziałem, że Polakom nic innego nie zostaje, jak tylko być złym żołnierzem. Rachować i liczyć na jakąkolwiek pomoc ze strony Niemiec byłoby, moim zdaniem, po prostu złudzeniem. Nic stamtąd mieć nie mogliśmy.

Ale inni łudzili się, że pomoc nadejdzie ze strony Rosji.

Ta rzecz nie mogła być zrobiona w Rosji, bo Rosja by na to nie poszła. Została mi tylko Austria, najsłabsza, wobec tego najłatwiejsza do gadania, chociażby nawet metodą tzw. austriackiego gadania.

Gadania i... ograbia?

Bo dawano tutaj możność wyzyskania elementu polskiego dla tworzenia siły zbrojnej. Wreszcie państwo, tak zależne od własnych poddanych stanowiło cud ekwilibrystyki politycznej. Z góry sobie powiedziałem, że tu w każdym razie będzie najłatwiej.

A na czym polegała pana ekwilibrystyka?

Mogę powtórzyć te dumne warunki, które im postawiłem: żądam od was tylko broni. Ale nie możecie ze mną wejść w układy polityczne. Możecie tylko polegać na mej odpowiedzialności, że was nie zdradzę, to jest wasza rzecz! Dajcie mi broń; pieniędzy od was nie chcę, będę żył z kraju, ze swej ojczyzny, żadnych politycznych warunków nie przyjmuję, bo i wy ze mną w układy nie wchodzicie.

Jak to Austriacy przyjęli?

Grożono między innymi zaaresztowaniem wszystkich organizacji strzeleckich, jeżeli pod tym czy innym względem nie
ustąpię. Grożono mi natychmiastowym zamknięciem i zamknięciem wszystkich mych przyjaciół w obozie internowania.

Tak też się w końcu stało.

Ale ja od swoich warunków nie odstąpiłem i dlatego właśnie ci, którzy na początku sierpnia wymaszerowali dostali od
Austriaków tak wstrętną broń i tak wstrętne wyekwipowanie.
Bez ładownic, bez płaszczów, bez butów, wytrzymujących
dłuższe marsze, bez kuchen polowych. Byliśmy umundurowa-
ni licho po strzelecku, za własne pieniądze, nie stanowiliśmy
oddziału zdatnego – według powszechnego sądu tak zwanych
fachowców – ani do boju, ani do jakiejkolwiek operacji wojennej.

**Nie przesadzajmy. Niektórzy legioniści przepadali za tym
szmelcem, jednostrzałowymi karabinami Werndla. Gdy Austriacy wymienili je wam na powtarzalne karabiny Manliche-
ra, narzekali.**

W końcu zdążyli się przywiązać do swoich karabinów.
Szczególnie górale z II-go batalionu wyrzekali na nową broń.
Werndle były ciężkie, duże, czuło się, że się ma coś w garści.
Miały one bagnety ledwie nie na dłoń szerokie, kule wyglądały,
jak średniej wielkości ziemniaki – to ci była broń! A te Man-
lichery to zabawki jakieś. „Czy tym aby można zabić nieprzyjaciela?" – martwili się górale. Otrzymałem karabiny, ale nabo-
jów do nich przysłano tak mało i w tak nieporządnym stanie,
że doprawdy uważałem to za jakąś rozmyślną szykanę. I kto

wie, czy jej nie było. Musiałem natychmiast starać się o amunicję i porozsyłać po nią furmanki.

Tak czy siak Austriacy w końcu się zgodzili i ruszyliście do boju.

Generałowi Sosnkowskiemu powiedziałem wtedy: „albo śmierć, albo wielka sława". Chyba bardziej byłem przekonany o śmierci niż o sławie. Po roku walki dziwiłem się doprawdy, że jeszcze żyjemy.

Nie wszystkim polskim politykom to się podobało. Że walczycie ramię w ramię z jednym z zaborców.

Moja próba została zlekceważona przez wszystkich! Skazana przez wszystkich z góry na nieudanie! Przez wszystkich uznana za niemożliwą do wykonania! Jest dla mnie zupełnie obojętne, jak kto o tym sądził czy sądzi. Jakie wydawał o mnie czy o moich kolegach opinie. Jest obojętne, czy ktoś za jakimś żulikiem Zamorskim powtarzał, że prowadziła nas chęć rabunku i bandytyzmu, czy uważa nas za płatnych agentów Wilhelma czy Franciszka Józefa, czy przypisywał nam wówczas, czy przypisuje dziś, szaleństwo i bezmyślność, czy na moją siwiejącą głowę rzucał, czy rzucać będzie, przekleństwa za gubienie szlachetnej młodzieży.

Tylko przypomnę, że Jan Zamorski krytykował pana za sabotowanie walki o Galicję Wschodnią i Lwów w 1918 roku. Ujawnił w „Słowie Polskim" na początku 1921 roku, że podlegli panu oficerowie mieli nie przepuścić wielkiego transportu broni z Krakowa do Lwowa, a potem aresztować oddział ochotników z Kongresówki spieszący z odsieczą. Zresztą tych

zarzutów Zamorskiego było więcej. One dotyczyły okresu po odzyskaniu niepodległości.

Niegdyś rówieśnicy i koledzy zazdrościli mi płowej czupryny. A w wolnej Polsce osiwiałem! Nie wiem, dlaczego Bóg kazał mi żyć w Polsce…

To wracajmy do czasów, gdy miał pan jeszcze czarną grzywę. Chciałbym porozmawiać o pierwszych bojach legionowych. Pan nie kryje zachwytu: „Wojenko, wojenko, cóżeś ty za pani, że za tobą idą chłopcy malowani…".

Podkreślam więc i powtarzam jeszcze raz – gdy wojna w 1914 r. wybuchła, Polacy we wszystkich trzech zaborach zdecydowali oddać Bogu – co boskie, cesarzowi – co cesarskie. Ja i legioniści postąpiliśmy inaczej. W tym czasie widziałem jeden obraz Kossaka. Artysta ten służył wtedy przy 1. armii austriackiej, do której i myśmy należeli. Obraz nosił tytuł *Legionista* czy *Jeńcy*. Przedstawiał on młodego chłopca w mundurze legionowym, dumnie opartego o karabin. Za nim w szarych szynelach kilku jeńców rosyjskich, przewyższających o głowę młodego żołnierza o dziecinnej twarzy i dumnych oczach, patrzących w dal. Obrazek był jak wiele innych. Kossak w rozmowie ze mną stwierdził, że dzieło to namalował, podpatrzywszy tę scenę z życia. Ale ja zwróciłem specjalnie uwagę na wyraz twarzy młodego żołnierza. Było w niej widoczne podobieństwo do wyrazu twarzy i oczu, jakie codziennie spotykałem u moich żołnierzy. Oczy niewinnego dziecka, młodzieńca, oczy, które życia jeszcze nie znają. W tych oczach widoczny był jednak zimny, stalowy odblask woli, stanowczości, decyzji – znamię przedwczesnego wydobycia z duszy wartości żołnierskiej.

Na początku było was stu kilkudziesięciu, potem wielokrotnie więcej. Przez szare szeregi przewinęło się dwadzieścia tysięcy żołnierzy. Legiony okazały się sukcesem. Stoczyły wiele bojów, wychodziły obronną ręką z różnych opresji. Interesuje mnie, jak zmieniły one tych chłopców malowanych w maszyny do zabijania, te, które potem obroniły Polskę przed Armią Czerwoną, dokonały „cudu nad Wisłą".

Przeszliśmy tyle rzeczy, tyle nauk, tyle doświadczeń. Widziałem złamane charaktery, złamane serca, w których wojna zdusiła wszystko to, co było w nich najlepsze. Widziałem jak wojna robi z człowieka odważnego – podłego tchórza, z człowieka silnego – płaczącą babę. Widziałem żołnierzy, niegdyś pewnych siebie i hardych, a obecnie ukrywających się w lasach i czekających hańby poddania się do niewoli. Pamiętam mękę odwrotu, noce nieprzespane lub spędzone przy stole, gdy zasypiało się momentalnie na krześle, tak jak się siedziało. Pamiętam dokładnie, jakie wrażenie na mnie sprawiały te szeregi batalionów przerzedzonych, żołnierzy kaszlących, pędzonych przez lasy. Nie chcę mówić o mojej walce, która rozgrywała się na terenie wyższych sztabów i wyższych dowództw, ta nie mogła być jawna ani publiczna. Na oczach natomiast wszystkich, szli legioniści naprzód, przepychając się nieledwie łokciami, szli każdego dnia – wbrew ogólnemu codziennemu upokorzeniu się – na awantury, na małe, ale liczne, utarczki w obronie swojej godności jako żołnierzy polskich.

Z czasem wytworzył się specyficzny typ polskiego żołnierza-leguna.

Kompletnym i stałym, i powtarzanym ustawicznie zarzutem wobec niego był „undiszipliniert".

Zarzut niezdyscyplinowania.

Taki oto obrazek braku dyscypliny zdarzył się we Lwowie. Było to po ciężkich bojach wołyńskich, kiedy zachorowałem na influenzę i pod Lwowem odbywałem rekonwalescencję.

Czyli w marcu 1916 roku.

Wtedy miałem sposobność być podejmowanym przez komendanta miasta. Spotkałem się na przyjęciu z rozmaitymi oficerami. Jeden z nich opowiadał mi o fakcie następującym: o północy, tzn. w porze, w której porządni żołnierze nie chodzą po mieście, spostrzegł na ulicy Sykstuskiej dwóch żołnierzy, idących naprzeciw niego. Z daleka zauważył, że to legioniści. Spostrzegł również, że są „zalani" i chwieją się na różne strony. Używając tutejszego terminu, „batiary" lwowskie służyli i w I Brygadzie, i miewali najrozmaitsze urlopy, więc spędzali je nie gdzie indziej, jak we Lwowie. Zrównawszy się z oficerem, nie tylko honorów mu nie oddali, ale go jeszcze, przechodząc, potrącili. Oficer począł im robić wymówki: „Legionistą jesteś, jak ci nie wstyd, po nocy pijany się włóczysz? Spotykasz oficera, honorów mu nie oddajesz i jeszcze go potrącasz?". Na to jeden z żołnierzy, zmierzywszy oficera z góry na dół, powiedział: „My z I Brygady!". „No i cóż z tego – odparł oficer – żeś z I Brygady? Jaki z ciebie żołnierz? Wstyd Brygadzie robisz!". „Wstyd Brygadzie?" – powtórzył legionista i począł długo szukać czegoś i szperać w kieszeni spodni. Wreszcie wydobył z niej nienoszony nigdy na piersi austriacki złoty medal waleczności i pokazał go oficerowi. „Wystarczy?" – zapytał. Po chwili wyciągnął z drugiej kieszeni żelazny krzyż pruski i powtórzył poprzednie zapytanie: „Wystarczy?". A potem wskazując towarzysza, rzekł: „Ten ma to samo. Chodźmy!".

Scena jak ze Szwejka.

Leguny rzeczywiście nieco brutalnie zachowywali się wobec obcych oficerów. Nie będę temu przeczył. Ileż było starć publicznych na dworcach kolejowych, na ulicach miast z powodu bezprawnego jakoby noszenia naszych własnych oznak na mundurach czy naszych własnych gard przy szablach, czy z powodu oddawania honorów nie całą dłonią, lecz tylko dwoma palcami!

Hardzi i bezczelni.

Inny obrazek z tego samego okresu. Przez otwarte okno słyszę zmianę warty pod moim mieszkaniem: „Stać przy mieszkaniu, wszystkich wpuszczać, swoim oficerom honory oddawać, austriackim – nie". Nie powiem, by ten sposób postępowania był dobrym zwyczajem. Był to jednak wynik owej przekory legunów, którzy zdobywszy sławę, starali się akcentować na każdym kroku, że całą swoją wartość zawdzięczają własnej pracy.

To jest ta jasna strona wojenki: kuźnia charakterów. A ciemne strony?

Znałem w Legionach chłopców, którzy w tornistrach nosili bardzo cudaczne rzeczy. Nigdy nie mogłem zrozumieć tej manii zbierania rupieci w rodzaju odłamków szrapneli i noszenia tych ciężarów, kiedy i tak już ciężka była normalna zawartość tornistra. Pasja ta doprowadzała ludzi do tego, że woleli wyrzucać środki żywności, byle tylko nie pozbyć się swoich dziwacznych pamiątek. Pamiętam obrazek, gdy żołnierze idący pod ogniem armatnim przystawali, rozglądali się po gapiowsku dookoła i pytali się siebie, gdzie pociski upadły. Krzyczeć trzeba było na nich, aby się nie narażali tak głupio na strzały. Była to ciekawość dziecka-żołnierza, prowadząca do najbezsensowniejszych rzeczy, przeczących instynktowi samozachowawczemu. Toteż nigdy w Legionach nie brakowało ochotników do akcji najryzykowniejszych; zawsze było ich wielu.

Znowu się pan zachwyca. A pierwsze ofiary na polu bitwy?

To pierwsze wrażenie, jakie odnosi się na widok rannych, jest niezmiernie silne, chociażby rany były nawet lekkie. Te pierwsze cierpienia rannego, pierwsza pomoc, ta chwila, gdy się widzi człowieka okrwawionego i słyszy wokół strzały – ma w sobie coś niezwykłego. Pamiętam, gdy świeżo przybyły batalion przeprawiał się przez Wisłę, spotkałem wracających pierwszych rannych. W ich twarzach nie widziałem smutku, nie słyszałem jęku! Widziałem tryumf i dumę, że są żołnierzami polskimi i że krew przelewają.

A miał pan świadomość, że te rany są za Ojczyznę, ale również za pana?

Miałem. Jeden z nich miał szczęście. Kilka kul podziurawiło mu czapkę i poszarpało skórę na głowie. Pokrwawiony na twarzy, z plamami ceglastymi na bluzce śmiał się wesoło, gdy przechodził koło mojej kwatery i pokazywał mi swoją czapkę z dziurami od kul w różnych miejscach. Szedł swobodnie, krwią zalany. Gdym go spytał: „Cóż to wam, chłopcze?". Odpowiedział wesoło i dumnie: „A w głowę mnie trafiło, głowa mocna, wytrzyma".

„Szedł swobodnie, krwią zalany" – kolejne zdanie warte zapamiętania.

Dwóch innych miało rany w rękach i łopatce, jeden dostał dwie kule i, co mnie wprawiło w zdziwienie, kule tkwiły w ciele.

Nie mogły to być kule, które straciły już impet, gdyż rany były-by wówczas szarpane; przypuszczam, że karabiny maszynowe jazdy rosyjskiej nie mają tej siły, co zwykłe karabiny, wszystkie bowiem rany były tak powierzchowne. Najcięższe wrażenie sprawiał ranny w głowę, – kula przebiła mu głowę na wylot. Biedak leżał bez pamięci, charczał ustawicznie, a na ustach pokazywała mu się krwawa piana, wyglądał, jakby miał skonać za chwilę. Przez trzy dni odwiedzałem nasz mały szpitalik i zawsze zastawałem go w tym samem położeniu, leżał na wznak, charcząc, jak przy konaniu. Chłopak ten w dwa miesiące potem był w wojsku z powrotem. Wyzdrowiał i, jak mi opowiadano, nie znać było po nim, że miał postrzał w głowę.

W Legionach słynny był przypadek wyzdrowienia po postrzale w serce. Pamięta pan tego rannego żołnierza? Patriotycznego zombie?

To był zabawny przypadek. Spostrzegłem tego chłopaka z daleka, gdy wychodził z punktu opatrunkowego. Młody zupełnie szedł, opierając się o karabin, z miną niezwykle rozpromienioną. Spostrzegłem na bluzce ślady krwi, zrozumiałem, że jest raniony w piersi. Szedł spokojnym, równym krokiem i, zbliżywszy się do mnie, zarzucił karabin na ramię, by mi zasalutować. „Z którego batalionu, chłopcze?" – rzuciłem zapytanie. „Z trzeciego, Obywatelu Komendancie!". „Gdzieście oberwali?". „W serce!" – odpowiedział, a w głosie czuć było dumę z tak niezwykłej rany. „Głupstwa gadacie! Gdzieżbyście spacerowali z taką raną?". Istotnie jednak ślady krwi na bluzce były w okolicy serca. „Ależ Komendancie! Nie kłamię, proszę spytać doktora!" – mówił urażony. Zaśmiałem się i puściłem go dalej, a szedłem zapytać doktora. Okazało się, że chłopak miał szalone szczęście. Kula przebiła mu pierś w czasie największego skurczu serca i właściwie przeszła przez miejsce, w którym sekundę wcześniej czy później musiałaby zawadzić o serce. Gdy lekarze go opatrywali, przez żart powiedzieli mu, że jest ranny w serce, ale będzie zdrów.

Tak hartowała się stal. Można powiedzieć.

Lekarze obcy bardzo często mówili mi: „Co tam właściwie jest w tych waszych Legionach?". Żołnierze niedoleczeni, żołnierze, których lekarze zatrzymywali w szpitalu, wracali do pułków, wracali do kompanii, wracali do szwadronów, uciekali po prostu ze szpitala do wojska, szukając na nowo ran i tryumfów żołnierskich. Pamiętam moją rozmowę z jednym z wybitnych lekarzy wiedeńskich, odbywającego w charakterze chirurga inspekcję szpitali. Zastanawiało go to, że legioniści znoszą operacje znacznie łatwiej, przechodzą rekonwalescencję znacznie szybciej niż wszyscy inni żołnierze. Tłumaczył to tym, że przychodzą oni do operacji w znacznie lepszym nastroju niż ogół żołnierzy austriackich. Jedynym marzeniem naszych rannych było jak najprędzej uciec, jak mówili, do domu. Domem tym był pułk, domem tym była kompania, domem tym byli towarzysze broni.

No ale nie powie mi pan, że w Legionach nie brakowało tchórzy i dekowników?

Na szczęście w początkach nie mieliśmy jeszcze tej choroby, która w Legionach rozwielmożniła się dopiero później: protekcjonizmu dla „dekowników" wszelkiego rodzaju. Ten pasożyt przyszedł potem, gdy sztucznie skonstruowana, polityczna komenda Legionów poczęła szukać oparcia w wojsku, płodząc oficerów i rozdając awansy swoim stronnikom, bez żadnego względu na ich wartość żołnierską. Nie mówiąc już o całej „politycznej" (czytaj policyjnej) służbie tyłowej pana Sikorskiego. Trzeba przyznać, że za łaskawym przyzwoleniem szanownej Komendy Legionów rozmaici dziennikarze, malarze, różnego rodzaju politycy, znajdowali w wojsku ciepły kącik, no i oficerskie gwiazdki. Przecie jest publiczną tajemnicą, że gdy Legiony stały się modnymi, były one zarazem sposobem „dekowania się" od służby w wojsku austriackim, a gdy się służyło politycznie Komendzie Legionów, to za jej protekcją można się było ochronić i od służby wojskowej w ogóle. Zjawisko to nazywam brutalnie „zawszeniem" wojska. Każdy żołnierz wszędzie jest narażony na to, że do jego sławy, a kosztem jego niedoli przyczepia się pasożyt „tyłowy". Powiedziałbym, że miarą „moralności" danego narodu i jego wojska jest ilość i jakość służby tyłów. Otóż trzeba przyznać, że Komenda Legionów „zawszyła" wojsko polskie nadzwyczaj skutecznie. Przez pewien czas obawiałem się nawet, że ilość oficerów „tyłowych" i politycznych przewyższy liczbę żołnierzy frontowych. Z tym zjawiskiem jednak, powtarzam, mieliśmy do czynienia dopiero później.

A dezerterzy?

Kiedyś zniknęło kilku ludzi z I-go i V-go batalionu. Nikt nie widział, żeby byli zabici czy ranni. Po prostu zaginęli. Najzabawniejsze, że wszyscy ci zaginieni nazajutrz zgłosili się do swoich batalionów w przebraniu cywilnym lub na pół cywilnym. Wszyscy to byli „gapie-dłubinoski", jak ich nazywałem, którzy przy zbiórkach podczas cofania się gdzieś się zawieruszyli. Jeden z nich, na przykład zaspał na sianie w czasie odmarszu naszych i obudził się w stodole dopiero od huku armat, które Moskale postawili przeciw nam właśnie koło tej stodoły. Wszyscy byli o tyle sprytni, zresztą nakazywała to dbałość o swoje głowy, że doczekali wieczora. Każdy z nich udał się pod opiekę chłopów, którzy ukryli ich i nakarmili. Żaden nie został złapany. Jeden z nich nocował nawet na strychu chałupy, zajętej przez kozaków. Kazałem wszystkich przykładnie ukarać w batalionach, aby oduczyć ich od nietrzymania się kupy i łażenia z dala od swoich kompanii i plutonów na własną rękę.

To pewnie pierwszego zabitego też pan pamięta?

Pamiętam, że zginął jeden z oficerów, który mógł mieć przed sobą przyszłość z powodu gruntownego przygotowania się do pracy wojskowej – Stanisław Krynicki, noszący pseudonim „Tymkowicz". Biedak utonął w Wiśle pod Nowym Korczynem. Śmierć jego była dla mnie pierwszym ciężkim przejściem moralnym. Po raz pierwszy zabierała mi wojna jednego z bliskich mi ludzi, jednego z tych, których w swym otoczeniu, w naszej rodzinie strzeleckiej, przyzwyczaiłem się widywać stale. To nagłe nienaturalne zniknięcie młodego życia unaoczniało mi grozę wojny. Odczułem wtedy ciężar odpowiedzialności za to życie. Późniejsze wypadki, które spotykały moich bliskich, pomimo, że byłem do nich często bardziej przywiązany uczuciowo, nie robiły na mnie już tak wstrząsającego wrażenia, jak ten pierwszy ubytek. Chyba jeszcze śmierć Wyrwy w 1916 roku wstrząsnęła mną silniej niż ten niespodziewany zgon „Tymkowicza".

Zdaje się, że tego Wyrwę jakoś szczególnie pan polubił.

Miałem dwóch nadzwyczajnie skądinąd miłych oficerów, którzy odznaczali się niezwykłą czupurnością i skłonnością obrażania innych i łatwością obrażania nawzajem. Lubiłem ich, tak zresztą, jak lubiłem całe nasze wojsko. To byli znani w pierwszej brygadzie: Belina i Wyrwa. Poszło pomiędzy nimi o konia czy o siodło. Kawaleria, muszę wyznać otwarcie, nie odznaczała się poszanowaniem czyjejkolwiek własności. Formowana przez Belinę w okresie kieleckim, że tak powiem, z niczego, szukała ona stale albo konia, albo siodła, albo najczęściej i jednego, i drugiego razem, gdyż zawsze brakowało ułanom wszystkiego.

W batalionie Wyrwy właśnie zginął koń czy siodło i Wyrwa popędził od razu na poszukiwanie zguby nie gdzie indziej, jak do ułanów. Tam spotkał młodego oficera, który nie dopuścił go do węszenia. Wyrwa – gorączka jak zwykle – nakłął, co się zmieści, i groził sprowadzeniem kompanii ze swego batalionu dla zrewidowania ułańskich ruchomości. Belina stanął w obronie ułanów, a że również, jak Wyrwa, należał do ludzi impulsywnych, bez silnych hamulców psychicznych, rozmowa przybrała pomiędzy przyjaciółmi – bo byli takimi – charakter drażliwy. A potem ostry. Obaj stanęli do raportu do mnie ze skargą. Jak dzisiaj, widzę ich obu. Jak dwa rozsierdzone koguty, gotowe w każdej chwili rzucić się na siebie. Obu lubiłem bardzo i jako swoich uczni i jako zdolnych oficerów. Śmiech mnie brał pusty, patrząc na ich rozindyczone miny, lecz, gdy w obecności mojej dalej spór chcieli prowadzić, rozkrzyczałem się na dobre. Byłem zniecierpliwiony, gdyż takich właśnie sporów o drobnostki miałem w początku wojny całe mnóstwo.

I jak się sprawa zakończyła?

Sąd wydałem zupełnie Salomonowy. Kazałem mianowicie owego młodego oficera ułanów oddać pod rozkazy Wyrwy do komendy batalionu na tyle czasu, aż Wyrwa zda mi raport, że jest z oficera zadowolony. Wiedziałem, że złote serce łatwo wzruszającego się Wyrwy jednego dnia nie wytrzyma w gniewie. Tegoż wieczora też i Wyrwa meldował mi prośbę, aby ukaranego oficera odesłać z powrotem do ułanów.

Ale Wyrwa bywał również wyrywny.

Po pierwszym cofnięciu się z Kielc, cały nasz oddział zebrał się pod Chęcinami. Góra z ruinami zamku była obsadzona przez Wyrwę, który miał przeczekać odejścia całego oddziału w stronę mostu na Nidzie i potem zejść na szosę i stanowić ariergardę. Gdy oddział minął górę, zatrzymałem się, by dopilnować sprawnego funkcjonowania ariergardy. Batalion Wyrwy grupkami schodził z góry na szosę i formował się w kolumnę. Było już ciemno, gdy Wyrwa mi zameldował, że są już wszyscy i że możemy odchodzić. I w tej właśnie chwili zaczęły błyskać światełka na górze, którą przed chwilą opuścili żołnierze.

„Sygnalizują, że góra opuszczona!" – mówili między sobą żołnierze. Wyrwa, jak zwykle wesoły, zaczął nawet odczytywać sygnały. Wyznam otwarcie, że zrobiło mi się jakoś niezręcznie. Jak gdyby poczułem jakąś wrogą nieuchwytną dłoń, czyniącą gdzieś blisko mnie jakieś niezrozumiałe dla mnie, a jednak niechybnie mi szkodzące ruchy. Błysnęła mi myśl, by kazać dać salwę w kierunku światełka, nieprzestającego błyskać na górze. Lecz wkrótce rozległ się stamtąd głos, wołający nie kogo innego, jak nas. Okazało się, że jeden z żołnierzy zapomniał przy odejściu papierośnicy i wrócił po nią na górę. Szukał swej zguby, świecąc sobie latarką elektryczną. Śmiałem się z Wyrwy, że ten już starał się odczytywać sygnały. Wyrwa był wściekły i klął żołnierza na czym świat stoi.

Na początku Legiony nie budziły zaufania mieszkańców Kongresówki. Kiedy to się zmieniło?

Najpierw zmieniło się jeszcze na gorsze. Zwłaszcza gdy przedsięwziąłem jedyną w ciągu mej kariery wojskowej ekspedycję karną, mianowicie na Nowy Korczyn. Zaczęto zamykać sklepy, odmawiać sprzedaży różnych rzeczy żołnierzom. Aby zapobiec komunikacji ludności z nieprzyjacielem, postanowiłem sterroryzować trochę panów kupców i nauczyć ich, że chociaż jesteśmy wojskiem polskim, jednak możemy karać. Nakazałem mianowicie kontrybucję 10-tysiączną na miasto, z rozkazem wypłaty natychmiastowej. Rabina miejscowego aresztowano jako zakładnika. Od tej chwili nie miałem powodu skarżyć się na ludność. Ciekawe, że ludność katolicka zwróciła się z prośbą pociągnięcia i jej do udziału w tej kontrybucji, gdyż, jak mówiono, w przeciwnym razie mogłaby być ofiarą zemsty ze strony Żydów i Moskali w razie zajęcia Korczyna przez nieprzyjaciela. Poza tym pamiętam postoje na wsiach polskich. Szliśmy krajem, gdzie, gdy mówiono „nasze" wojsko, to mówiono o tych, którzy nas zabijali.

Bo przez sto dwadzieścia lat w zaborze rosyjskim to kozacy byli „naszym" wojskiem, a „naszym" monarchą był car.

Widziałem wsie i miasta oswobodzone przez Moskali. Przypominam sobie z wściekłością powtarzane imię jakiegoś wszechsłowiańskiego generała, hrabiego Kellera, który po pijanemu kazał sobie co noc sprowadzać dziewuchy z okolic. Jeszcze silniejsze i jaskrawsze błyski nienawiści obserwowałem wtedy, gdy Rosjanie przy cofaniu się z Królestwa palili wsie i sioła, pędząc ludność, jak barany, w dalekie i obce kraje. Ciekawe jest, że właśnie od tego czasu zastygł na ustach polskich zaimek „nasz", który stale był używany w Królestwie w stosunku do żołnierza rosyjskiego.

Ale nie lepiej traktowała ludność polską armia austriacka, przy której działały Legiony.

My byliśmy przyczepieni do I korpusu austriackiego, składającego się z 90 procent żołnierzy i 60 procent oficerów Polaków. W okresie walk, toczonych w powiatach sandomierskim i opatowskim, otrzymałem razu pewnego od komendy tegoż korpusu rozkaz, który głosił – dla Polaków cynicznie – że skoro wojna nie toczy się wcale o polskie interesy, zatem komenda korpusu wymaga, aby w stosunku do ludności zachowywać się jak najsurowiej, jako do ludności wrogiej. Odesłałem ten rozkaz z oświadczeniem, że słuchać go nie będę. Obrazek drugi: w czerwcu 1915 roku zostałem wezwany do Naczelnej Komendy austriackiej. Przejeżdżając w aucie wzdłuż etapów 1-ej armii austriackiej, skonstatowałem, że w miasteczkach polskich nakazano wszystkim mieszkańcom, nie wyłączając kobiet, schodzić z chodników na ulicę przy spotkaniu austriackich oficerów, wszystkim zaś mężczyznom zdejmować przed nimi nakrycie głowy. W Komendzie Naczelnej austriackiej zrobiłem z tego powodu awanturę i oświadczyłem, że zarówno ja, jak i moi oficerowie, zachowywać się będą odwrotnie i sami przed każdą kobietą będą schodzić z chodnika na ulicę.

I co, poskutkowało?

Stopniowo tak. Za każdym razem uważnie badałem, jaki zostawiamy po sobie porządek. Przychodzili do mnie jak zwykle do władzy, ludzie ze skargami. Gdzież bowiem jest żołnierz, który głodnym okiem nie patrzy na kurę czy gęś? Gdzie żołnierz, który okiem bodaj pożądliwym nie spogląda na konia? Gdzie jest żołnierz, który dowcipem lub gwałtem nie wyciągnął od gospodyni jedzenia?

Nie zgwałcił córki, nie wybatożył opornego męża?

No więc ludność przychodziła z prośbą, żeby takich rzeczy nie czyniono. Żeby w taki czy inny sposób szkodę wynagrodzono lub kwit chociaż jakiś wydano. Za każdym razem pytałem, jaki jest stosunek ludności do mego żołnierza. I tak żywo pamiętam, jak w każdej nieledwie wsi, kobieta, przychodząca ze skargami, zasłoniwszy się wstydliwie fartuchem, mówiła: „takie wesoło wojsko". Ten urok wesołości, ten urok żartu, ten urok żołnierzy, idących na śmierć z uśmiechem na ustach, w ostatniej chwili obejmujących w uścisku dziewczynę, w ostatniej chwili rzucających słowa wzgardy dla tchórza, to jest typ, jaki się wytworzył w Legionach.

Jaki to typ?

Typ żołnierza ze specjalnym stosunkiem do zjawiska śmierci.

Niech zgadnę: legionista kochał umierać? Polec na ołtarzu Ojczyzny to rzeczywiście takie romantyczne?

Umierają, co prawda, wszyscy ludzie. Ale gdy żołnierz idzie na śmierć, to znaczy, że śmierć bierze pod rękę i chodzi z nią po polach bitewnych. Śmierć i poczucie śmierci wciąż otaczają żołnierza. Śmierć jest dla niego zjawiskiem stałym, codziennym. Nie łatwe jest codzienne ze śmiercią obcowanie. To codzienne, zgodne z obowiązkiem żołnierskim, chodzenie na śmierć, ten wysiłek przywyknięcia do niej, to bratanie się ze śmiercią wyciska w duszy głębokie ślady, wywołuje zmiany w charakterze. Człowiek, który ma jutro umrzeć, ma pewien specjalny stosunek do rzeczy. Nie ceni pewnych wygód, bo jutro wszystkie wygody mogą zniknąć. Nie ceni, co prawda wygód innych ludzi, lecz swoje również ma za nic. Wygoda staje się rzeczą tanią, staje się rzeczą, nad którą łatwo przechodzi się do porządku dziennego. Życie dobrego żołnierza staje się ciągłą i ustawiczną loterią. Skutkiem tego jest lekceważenie przez niego spraw dobytku materialnego w znacznie silniejszym stopniu, niż to się spotyka w życiu innych ludzi.

Również różnie bywa z traktowaniem cudzego życia.

Żołnierz to mężczyzna, który pozostawił gdzieś w dali życie rodzinne. Zadowalać się musi często dorywczym uściskiem, nieraz brutalnie zdobytym.

Ale to chyba nie powód do chwały?

Im bardziej jest skazany na te dorywcze uściski spotkanej gdzieś w kącie kobiety, tym bardziej rodzi się w nim tęsknota za uśmiechem szczęścia, które niesie życie rodzinne. Radość i uśmiechy życia rodzinnego, radość i uśmiechy dziecka tak go rozczulają, że wszystkim paniom radziłbym wychodzić za mąż za dobrego żołnierza.

No nie wiem, co na to panie. Pewnie będą to czytały…

Jest prawie pewne, że można nad żołnierzem zapanować jednym uśmiechem. Ale jest jeszcze jeden znamienny rys dobrego żołnierza. Żąda twardo szacunku dla swej pracy i swojego dowódcy. We Francji w najwybitniejszej jej epoce, gdy żołnierze służyli pod największym wodzem świata, pod Napoleonem, powstał typ wiarusa napoleońskiego. Lekkomyślny on był w życiu codziennym, nie dbał o pieniądze, przechodził do porządku dziennego nad materialną stroną życia. Był wesoły i swobodny, szukał szczęścia i wrażeń uprzyjemniających mu życie. Zawsze jednak był gotów stanąć odważnie i twardo w obronie swego honoru i w obronie swego cesarza.

A, to o to chodzi!

Jest taka pieśń Heinego o dwóch grenadierach. Dwaj grenadierzy powracają z niewoli i dowiadują się po drodze piorunującej wieści – ich cesarz w niewoli. Zdawałoby się, że niczego innego nie powinni pragnąć, jeno powrotu do rodziny, której tak dawno nie widzieli. A jednak całe ich marzenie ześrodkowane jest w chęci ujrzenia i oddania honorów temu, który ich prowadził do boju – cesarzowi.

Rozumiem. Zatem hasło dla Leguna powinno brzmieć: Bóg, honor, ojczyzna… i Komendant?

Dzięki Bogu język w buzi mam przywieszony po legionowemu. W poszukiwaniu środków do obrony czci, dla obrony honoru, jestem bezwzględny.

Ale ja to powiedziałem bez przekąsu! Legioniści zawsze bronili czci swojego Komendanta, pan zaś zawsze i przy każdej okazji podkreślał legionowe zasługi i znaczenie tej formacji.

Tak jest! Bo Legiony stworzyły w Polsce, ba! odrodziły na nowo typ dobrego żołnierza. Ta zdobycz w przyszłej historii stanowić będzie więcej niż te czy inne przewagi w tych czy innych bojach. Potrafiliśmy swoim wysiłkiem, swoim sercem, swoją wielką pracą i wolą dać Polsce nowy kulturalny nabytek – typ nowego polskiego żołnierza. Hołdowałem od dzieciństwa dumnej zasadzie: „móc – to chcieć", lecz chcieć tak, by wszystkie części ciała były skupione w tej woli chcenia, by we wszystkich komórkach mózgu tkwił ten cel. Hołdowałem tej zasadzie nie ja jeden przecież, a tysiące. I jeżeli mnie wśród tych męczeństw i tylu bohaterstw udało się być tryumfatorem i należeć do tych, co szczęśliwiej swój los ciągnął, to wiem, że zawdzięczam to nie tylko sobie. Kto chce – ten może, kto chce – ten zwycięża.

A kto choruje, ten idzie do łóżka. Pana pierwsze boje w 1914 roku skończyły się ciężką grypą.

Tak to się ostatecznie skończyło. W Gręboszowie, w gościnnej plebanii ułożono mnie natychmiast do łóżka. Oddałem komendę Sosnkowskiemu i kazałem przyjść doktorowi. Ten pukał, stukał, mierzył temperaturę, kiwał głową, jak wszyscy doktorzy, i wreszcie oświadczył, że to zwykła u mnie influenza i że sądzi, iż musi mnie wyprawić do Krakowa. Zacząłem targi, doktór nie ustępował, ja zacząłem krzyczeć na niego. Odszedł, mrucząc pod nosem. Całe ciało paliła gorączka, nieprzespaną noc czułem w kościach, w uszach słyszałem łagodny szum – zwykły stan mój przy wysokich temperaturach. Nie chciałem o niczym myśleć i zamknąłem oczy. Za ścianą słyszałem szepty prowadzących dyskurs medyczny. „Najlepiej – mówił tubalny głos księdza – zagotować gorący krupnik litewski i przykryć kożuchami. Jutro będzie osłabiony, pojutrze siądzie na kasztankę". „Serce słabe – oponował gruby ton doktora – alkoholu dawać nie można, trzeba odwieźć do Krakowa". Te głosy objały mi się po głowie, tłukąc o czaszkę. Chciałem krzyknąć, by szli gdzieś dalej kłócić się o moją kurację, ale nagle ksiądz zmienił temat. Zaczęli omawiać kwestię pogrzebu.

Pana?!

Nie. Ksiądz umawiał się z oficerami o pogrzeb poległych. Upraszał ich o piki kozackie, zabrane z pól bitewnych, które, jako *votum* strzelców, chciał postawić obok chorągwi procesyjnych dla upiększenia świątyni Bożej. *Raritas!*

I wtedy do głowy wpełzły mi znowu złośliwe myśli z powodu moich pierwszych bojów. Nie mogłem się rozstać z przeżyciami ostatnich dni. Rozgorączkowana głowa, nie trzymana na wodzy przez poczucie obowiązku i odpowiedzialności, przestała składnie pracować.

I znowu płocha myśl poniosła mnie gdzie indziej: niejaki chorąży orszański, Kmicic, noszący w sercu obraz dalekiej mej kuzynki, Oleńki Billewiczówny, podnosi w górę „za kark ucapionego" Lapończyka, chcąc, by król jegomość szwedzki mu go podarował. Natychmiast by go uwędził i pomiędzy inne *raritates* w kościele farnym w Orszy powiesił, gdyż tam jajo strusie już wisi!

Maligna.

Do pokoju weszła deputacja oficerów z Sosnkowskim na czele, za nimi doktor Ruppert. Oświadczyli mi, że przychodzą z prośbą, bym się nie opierał żądaniom i wyjechał do Krakowa, gdyż nie chcą brać na swoje sumienie skutków influenzy. Było mi już wszystko jedno. Targowałem się dla zasady i ustąpiłem. – Masz – myślałem – swoje boje! Jakżeż ci się to wszystko spodobało z początku! Co?

Źródła:

Moje pierwsze boje, wspomnienia spisane w twierdzy magdeburskiej, Instytut Wydawniczy „Biblioteka Polska", Warszawa 1925.

O wartości żołnierza Legionów, odczyt wygłoszony we Lwowie na „Drugim ogólnym zjeździe Legionistów" 5 sierpnia 1923, Towarzystwo Wydawnicze „Ignis", 1923.

Przemówienie na bankiecie w Wiedniu 21 XII 1914, *Pisma zbiorowe*, t. 6, s. 21.

Przemówienie na obiedzie w Lublinie 11 stycznia 1920 r., *Pisma zbiorowe* t. 5, s. 135.

Przemówienie na Zjeździe Legionistów w Krakowie 5 sierpnia 1922 r., *Pisma zbiorowe*, t. 5, s. 261–273.

Przemówienie w dniu pierwszego posiedzenia kapituły „Virtuti Militari" 22 stycznia 1920 r., *Pisma zbiorowe*, t. 5, s. 139–141.

Przemówienie wygłoszone podczas obiadu w Kielcach 20 października 1921 r., *Pisma zbiorowe*, t. 5, s. 224–225.

W dziesiątą rocznicę powstania Legionów, przemówienie z 10 sierpnia 1924, wygłoszone w Lublinie, na trzecim zjeździe Legionistów, *Pisma zbiorowe*, t. 7, s. 27–43.

ROZDZIAŁ 5
POCZĄTKI

W listopadzie 1918 r. stał się wypadek bynajmniej nie historyczny, ale taki sobie zwykły. Mianowicie – z dworca wiedeńskiego przeszedł przez ulicę Marszałkowską na ulicę Moniuszki człowiek, którego będziemy nazywali Józefem Piłsudskim.

Zgoda. To było rano 10 listopada 1918 roku. Przy ulicy Moniuszki mieścił się pensjonat pań Romanówien. Gdy go ujrzały, załamały ręce. Potem płakały nad jego starym, podartym i poplamionym mundurem, który próbowały doprowadzić do jakiego takiego porządku. To było wówczas jego jedyne ubranie.

To ten sam mundur, w jakim obecnie mnie pan widzi. Otóż człowiek ten wracał, co prawda, z niezupełnie zwykłej podróży, wracał z Magdeburga. Wracali też w tym czasie z tych czy innych obozów dla internowanych i inni. I w tym też nic nie ma niezwykłego, w tym też nic nie ma historycznego. Historia zaczyna się później, historia niezwykła, nad którą nieraz się zastanawiałem. Szukałem wtedy odpowiedzi na pytania, które przyszłych historyków będą męczyły jeszcze bardziej, bo przecież nie będą mieli naocznych świadków tych zdarzeń. Stała się rzecz niesłychana. Mianowicie – w przeciągu kilku dni, bez żadnych ze strony tego człowieka starań, bez żadnego z jego strony gwałtu, bez żadnego podkupu, bez żadnych koncesyj, bez żadnych w ogóle i jakichkolwiek „legalnych", że tak powiem rzeczy, stał się fakt najzupełniej niezwykły. Człowiek ten stał się dyktatorem.

To ja tylko przypomnę wydarzenie z 1909 roku. W Zakopanem odwiedził pana Stefan Żeromski. Akurat układał pan z pasją pasjansa odziany w same gacie. Jedyne spodnie, jakie pan miał, cerował właśnie krawiec. I pan, zapytany przez Żeromskiego, dlaczego z takim przejęciem układa karty, odparł: „Jeśli mi ten pasjans wyjdzie, to będę dyktatorem Polski". Tak że nie mówmy teraz, że ten dyktatorski obowiązek był aż tak panu niemiły.

Zastanawiałem się nad tym określeniem: „dyktator". Nie chcę użyć jakiegoś wyszukanego słowa, nie chcę szukać dla siebie jakiejś specjalnej nazwy, szukam tylko, jako historyk, określenia zjawiska, którego inaczej nazwać nie można.

I Żeromski wspominał, że tym, co wtedy zobaczył i usłyszał, był głęboko poruszony.

A potem człowiek ten wydawał edykty, powszechnie słuchane, człowiek ten wydawał rozkazy, słuchane biernie z chęcią czy z niechęcią…

A pan teraz o sobie, czyli tym dyktatorze, mówi w trzeciej osobie. Dziwne, prawda?

Ale mi idzie o sam fakt, o fakt ścisły, o fakt historyczny. Człowiek ten mianował urzędników wojskowych i cywilnych. Czy on robił źle czy dobrze, ja w tej chwili tego nie dotykam.

Rzeczywiście, tak było. Drzwi u panien Romanówien się nie zamykały.

Wszystko wtedy zależało od jego dobrej woli, od jego decyzji, od jego złej czy dobrej kalkulacji. Biernie czy czynnie, chętnie czy niechętnie, miliony mu uległy i jego jednego wyniosły w górę. Miliony ludzi zdobyły się na akt dziwaczny, na akt niezrozumiały dla zwykłej analizy, aby tak niezwykłą władzę dać temu jednemu człowiekowi bez żadnych z jego strony gwałtów lub narzucania. Dziś, gdy tyle jest praw i prawidełek, gdy tyle jest ograniczeń i zakazów, gdy posłowie tak produkcyjnie pracują – rzecz ta wygląda tak niezwykle. Jestem przekonany, że i przyszły historyk nad tym właśnie będzie musiał się zatrzymać: dlaczego, po co, na co i z jakiej racji? Dlaczego ten, a nie inny?

No właśnie: dlaczego Józef Piłsudski?

Biorąc rzecz tak zwykle, jak się szklankę wody wypija, mogę powiedzieć, że gdyby ten osobnik był absolutnie nikomu nie znany, to ten fakt byłby niemożliwy. No bo gdzie szukać tej przyczyny, że temu człowiekowi, znanemu potem w skorowidzu historycznym, jako Józef Piłsudski, oddano tę władzę? Dlaczego jemu w sposób, tak sprzeczny z rozumem, rozsądkiem, logiką teraźniejszą władzę oddano? Skąd ten dyktator Polski, nie narzucający swojej władzy żadnym gwałtem, żadną pracą agitacyjną, nie robiący sobie popularności za pomocą takich czy innych wystąpień? Skąd to zjawisko? I gdy szukałem dla siebie wyjaśnienia, zawsze znajdowałem tylko jedno.

Mianowicie?

Za jedną rzecz ten człowiek był witany, za jedną rzecz niezwykłość jego mogła być uznaną, za jedną rzecz, powtarzam, mógł on mieć prawo moralne do zajęcia tego stanowiska. Za to, że nosił mundur. Za to, że był Komendantem I Brygady.

Został pan dyktatorem...Naczelnikiem, bo wcześniej był Komendantem? No, cóż...

Jedyną wartością, którą ludzie wówczas mieli, jedyną moralną siłą, która ludzi do posłuszeństwa zmuszała, jedyną moralną siłą, która miliony ludzi w ręce mu oddawała, był fakt, że był on Komendantem I Brygady i wracał z Magdeburga.

Mógł on tworzyć złe czy dobre rządy, wyznaczać oficerów, urzędników, przerzucać ich z miejsca na miejsce, pewnych ludzi na śmierć posyłać, dawać rozporządzenia mądre lub nie – to jest obojętnym, faktem jest, że był władcą absolutnym tworzącego się państwa polskiego. Faktem też jest, że dzięki temu nieprzymuszonemu zjawisku, dokonanemu bez żadnego gwałtu i bez żadnego przewrotu, imię tego człowieka zostało wysunięte w górę. Nowa Polska dała słusznie czy niesłusznie przy swoim pierwszym kroku symbol swój w postaci człowieka, ubranego w szary, dość obszarpany mundur, zaplamiony w więzieniu magdeburskim.

Do czego pan zmierza, panie Marszałku?

Znając historię dyktatur wszelkiego rodzaju i z operetki, i nie z operetki, z dramatu i tragedii całej ludzkości, zastanawiałem się nad tym, jak się tworzyły te dyktatury. Zwykłe drogi są tu dwie: jedna gwałtu i narzucenia swojej władzy – te wypadki w historii narodów są częste; druga – swobodnego wyboru ludzi, którzy w chwili ciężkiej szukają jednego człowieka, żeby jemu los swój w ręce oddać. Tu nie było ani jednego, ani drugiego wypadku. Nie było ani wyboru, nie było też gwałtu. Stał się fakt całkowicie inny: fakt moralnej pracy narodu.

Ten fakt moralnej pracy, której dokonał naród, nie był moją historią, a raczej historią wszystkich tych milionów ludzi, którzy wtedy tego dyktatora słuchali, którzy nawet z minami czy grymasem niechętnym jemu się poddawali. Faktem jest, że tak było. Ta moralna praca, której dokonał wtedy wielomilionowy naród, jest faktem niezwykłym. Był on jak gdyby zaprzeczeniem tej smutnej tradycji i złej sławy, którą naród nasz miał w przeszłości. Polska, sami Polacy to twierdzili, nierządem stoi. Polska to jest prywata, Polska to jest zła wola. Polska to jest anarchia. I jeśli po jej upadku Polacy mieli sympatię dla siebie, to jednak nigdy szacunku do siebie nie mieliśmy. Ponieważ nie wzbudzaliśmy zaufania, sąsiedzi narzucali opiekunów. I nagle powstał fakt niezwykły i tak dla niego oryginalny.

Że Polacy sami sobie obrali dyktatora.
Dumny jestem z tego faktu, dumny jestem nie tylko dlatego, że mnie ten zaszczyt spotkał, ale dumny byłem również ze swego narodu. Nie idzie mi o moją wartość lub o moją bezwartość, nie idzie mi o ocenę krytyczną tej czy innej mojej pracy, o wskazanie tego lub innego błędu lub tej czy innej cnoty. Idzie o sam fakt historyczny, który swoją nowością w Polsce i swoją niezwykłością zastanawiać będzie musiał każdego historyka.

Zgoda. Z jednej strony duma, że to pan stanął na czele odrodzonego państwa. Z drugiej jednak strony – przerażenie. Zawsze pan podkreślał, że w listopadzie 1918 roku elity polityczne egzaminu nie zdały.

No właśnie. Byłem przerażony tym, co zastałem, i chciałem – wyznam – najbardziej tchórzliwie uciec z Warszawy.

Pan? Uciec? Tchórzliwie?!
Zastałem bowiem konkubinat z zaborcą. Konkubinat, w którym zaborca jest zawsze silniejszy od Polski. Dlatego, zastawszy wtedy stan chaosu, takiej pół – rewolucji, pół – nie wiem czego, chciałem nazajutrz wyjechać z Warszawy.

Dokąd?
Jeśli mówię rzeczy przykre, to powtarzam, że o sobie samym również mówię przykro. Chciałem stchórzyć i chciałem w pierwszym momencie uciekać z Warszawy. Mówię to sam o sobie, więc proszę się nie obrażać.

Nie obrażam się, tylko zastanawiam, co pana tak wyprowadziło z równowagi?
A, już tłumaczę. Pamiętam, że kiedy wyjechałem pociągiem specjalnym, złożonym z jednego wagonu i lokomotywy z Berlina do Warszawy…

A, to zupełnie tak samo jak zwolniony z więzienia Lenin, odesłany w zaplombowanym wagonie do Petersburga… Przepraszam za porównanie.
…to miałem za towarzysza opiekującego się mną pruskiego oficera, który zdaje się uciekał wtedy od „Soldatenratów", gdyż na każdej stacji wyskakiwał, wypytywał się, czy w tej miejscowości jest już „Soldatenrat".

Czyli rada wojskowa. Takie rady powstawały wtedy w miejsce dotychczasowych władz.

Ten oficer za każdym razem z ulgą komunikował, że na każdej kolejnej stacji jeszcze panuje stary porządek. On się cały czas bał, by jego misja odstawienia niebezpiecznego towaru do Polski nie została skontrowana przez inną władzę. Odsyłali mnie bowiem z Niemiec *ancien regime* i oficer bał się, że ten mój przyjazd może przeprowadzić inny rząd. Z Polski żadnego pozwolenia na przyjazd nie było.

Bo nie było, poza polską Radą Regencyjną, żadnej władzy.

Jechałem, nie wiedząc zupełnie, co się w Polsce dzieje. Sądziłem radośnie, że w chwili, gdy Polska pospiesznie się buduje, zastanę tam kochanych i niekochanych rodaków. A w ich piersiach znajdę pierwiastek siły, którego dotychczas w Polsce brakowało. Z tym marzeniem i z tą iluzją przyjechałem do Polski.

I co pan zastał?

Słabość! Słabość, wyrażająca się w niemożności powiedzenia tego, czego się chce. Na zegarze dziejowym bije godzina Polski, a tymczasem nikt nie ma siły, aby powiedzieć to, co zegar wydzwania. Wszyscy jak gdyby szukają ucieczki od wypowiedzenia tego, co każdy pragnie, do czego dąży.

Mam wrażenie, że wtedy każdy wypowiadał się za dwóch, głośno było jak w ulu. Było aż za dużo słów, za dużo inicjatyw.

Rozbieżność! Niezwykła rozbieżność wszystkich prób rządzenia. Wyglądało to tak, jakby czterdziestu mężów próbowało robić każdy z nich odrębny rząd, a za nic w świecie nie chcieli oni się ze sobą porozumieć. Wszędzie te próby były odrębne. Wszędzie te próby na coś czekały, żeby się porozumieć i wtedy dopiero próbować stworzyć ogólny rząd. Wszędzie ta dziwna rozbieżność celów i środków. Wszyscy chwytali się pół-powiedzeń, pół-decyzji. Chaos słów był tak wielki, że gdyby nie moja mocna głowa, tobym doprawdy zwariował od słuchania jednego dnia pięćdziesięciu ludzi!

Pięćdziesięciu?

Ja wtedy po dwadzieścia godzin rozmawiałem z ludźmi! Z jednym, drugim i trzecim, z dziesiątym, pięćdziesiątym. Nie mogłem żadnego człowieka z drugim pogodzić. Nie byłem w stanie nikogo postawić obok drugiego z zamiarem współpracy. Wszyscy byli bezsilni, a jednak każdy żądał wysłuchania jego recepty na zbawienie Polski. Tego było dość, by zbrzydzić sobie rozmowy z Polakami. Żeby sobie uświadomić, że rozmawianie z Polakami jest niemożliwością.

Bo każdy chciał się przydać, każdy chciał coś robić w tak ważnym momencie. To źle?

Rządem jest „Komisja Likwidacyjna", rządem jest „Volksrat" poznański, rządem jest nierządząca „Rada Regencyjna", która rządzenie w nocy komuś innemu oddaje.

Rada, w imieniu państw zaborczych, rządziła już od roku. I wcale nie była taka beznadziejna. To ona wyciągnęła pana zza krat. A wcześniej, jeszcze gdy pan siedział w więzieniu, wydała deklarację o niepodległej Polsce z dostępem do morza.

To były efemerydy, które jak „rząd lubelski" występowały i w kilka dni konały. Wszędzie były pół-słowa, pół-środki, pół-

-decyzje, charakteryzujące ogólną słabość. A słabość ma zawsze jedną konsekwencję – zamiłowanie do wielkich słów bez treści. Pompatyczne słowa, którym treść nie odpowiada. Wszędzie, że tak powiem, słowa przekraczały zamiary, gdyż te istotnie były skromne. Wszyscy gadali dla przykrycia niemożności wprowadzenia w życie tego, co się mówiło. Silny nigdy tak nie postępuje.

Tylko co?
Robi!

Ale przecież wtedy w listopadzie panował totalny chaos. Rozpadały się całe państwa, znikała stara Europa, powstawał nowy świat. Czego tu chcieć od liderów nowej Polski, którzy wychowali się w niewoli?

Ta nerwowość była oznaką słabości. To co jest, wie się dziś, a nie wie się, co będzie jutro. Wydawało się wtedy, że wypadki biegły przerastając ludzi. Stąd ciągłe oczekiwanie, że ktoś coś zrobi. Jest jeszcze jeden rys ówczesnego stylu: ulegamy temu, co idzie z zewnątrz.

Pamiętam dobrze ten moment, gdy już po przyjeździe kładłem się spać, a tu nagle zjawia się u mnie sześciu czy siedmiu panów. Widziałem ich pierwszy raz. Przedłożyli mi prośbę ułożenia sposobu likwidacji okupacji. To byli niemieccy oficerowie. Daremnie dowodziłem, że to do mnie nie należy i że nie chcę się do tego mieszać, że to należy do „Rady Regencyjnej". Namawiałem ich, by zwrócili się do kogo chcą, ale nie do mnie. Na próżno. Panowie ci wyrazili swoje obawy, że jeżeli się zwrócą do jednych, to drudzy zaczną na nich napadać i zarzynać, gdy zaś zwrócą się do przeciwników „Rady Regencyjnej",

to kto wie, czy ta z kolei nie zacznie na nich napadać i ich wy-
rzynać. Komedia! W położeniu tym, w jakim się znaleźli, muszą mieć gwarancje, że żołnierze, oficerowie, żony oficerskie
itd. powrócą do kraju. Żądają odpowiedzi, gdyż jutro będą
musieli przejść do zabezpieczania swego życia i swoich poddanych. Wtedy dopiero się zawahałem i postawiłem warunek, że
mogę wziąć na siebie obronę ich życia, ale muszą przyrzec posłuszeństwo. Ewakuacja odbędzie się na mój rozkaz, nie na
ich. Cały materiał kolejowy i całą broń zostawią w Polsce.
Delegaci odwołali się do swoich „Soldentarów" i przyjęli te
warunki.

**Tak pan narzekał na ten konkubinat z zaborcą, a to przecież
też był jakiś układ.**

Różnica była tylko ta, że w tym konkubinacie ja byłem na
górze, a zaborcy na dole. Ale wracam do próby wytworzenia
jakiegoś centralnego rządu. Wszystkie usiłowania zbliżenia
ludzi do siebie, zmuszenia ich do współpracy ze sobą, pękały
mi w ręku w jednej chwili. Nikogo namówić nie mogłem. Żeby
zechcieli się zastanowić nad koniecznością współpracy i ugo-
dą już nie z zaborcą, lecz z samym sobą. Dwa ciężkie dni spędziłem, aby słuchać „gettowych" określeń jednej i drugiej strony, które w żaden żywy sposób punktu stycznego nie
znajdowały. Słowa jednych wzbudzały u drugich słowa prze-
ciwne. Ten mus sprzeczności wyrastał natychmiast. Zdawało
mi się, że mam do czynienia z ludźmi, z których każdy mówi
innym językiem. Oni sprawiali wrażenie ludzi, którzy przyszli
jedynie po to, aby w twarz sobie pluć, a nie po to, by sobie po-
dać ręce.

I to chyba wtedy palnął pan do członków rządu Daszyńskiego: „Wam kury szczać prowadzać, a nie politykę robić!".

Wszyscyśmy grzeszyli, wszyscy byliśmy słabi i od musów dziejowych uciekali. Ale czy ta prawda jest tak trudna do powiedzenia? Dlatego, wyznam, że ze wszystkich ówczesnych stylów najbliższy mi był styl żołnierski. Nie dawał się wyprzedzać wypadkom. I choć to wojsko było wtedy nieraz słabe czy nikłe, to jednak wszędzie mieliśmy do czynienia z szukaniem jakiejś władzy wojskowej, która bierze wszystko w rękę i przez to samo ratuje społeczeństwo od chaosu. Toteż kiedy próbowałem odezwać się do żołnierzy, wszędzie stanęli mi oni z pomocą, bez względu na to, jaki był ten żołnierz. W Warszawie natychmiast gen. Rozwadowski poddał się pod moje rozkazy. Tak samo wyodrębnił się Rydz-Śmigły z „rządu lubelskiego". Tak samo w Krakowie generał Roja również. Na to bowiem nie ma ratunku, że ten kto w tyle idzie, musi ulegać temu, co naprzód kroczy.

A tak się złożyło, że to pan na tym przedzie kroczył.

Dyktatorem byłem kilka miesięcy. W końcu postanowiłem zwołać sejm i oddać mu władzę. Stworzyć legalne formy życia państwa polskiego. To była moja decyzja. Decyzja ta została usłuchana. Panowie posłowie, którzy potem nieraz przeciw mnie występowali, zostali wybrani na mój rozkaz, wybór przyjęli, na określony przeze mnie termin do Warszawy się stawili. Z kolei wyborcy w odpowiednim miejscu, również przeze mnie wyznaczonym, zebrali się i głosy swe oddali. Potem zebrał się sejm. Otworzyłem go w tym samym mundurze Komendanta I Brygady, przy boku miałem szablę, ofiarowaną mi przez oficerów I Brygady, nie byłem niczym innym, jak tym, czym byłem zawsze. W parę tygodni potem stał się nowy fakt historyczny: wybrano mnie jednogłośnie na Naczelnika Państwa Polskiego i Naczelnego Wodza wojsk.

Czyli przestał pan być dyktatorem, a stał się wybrańcem z woli narodu.

Z jednych zaszczytów szedłem do drugich. Po kilku miesiącach ziściły się we mnie najśmielsze marzenia wszystkich Polaków. Objąłem to stanowisko wbrew swojej woli i chęci.

Skądś to znam. Nie chcę, ale muszę.

Ja go nie szukałem, życzyłem sobie czego innego i szukałem czego innego. Szukałem wojska i szukałem dla siebie łatwego powietrza i łatwej pracy wojskowej. Tymczasem do ręki dano mi wszystko. Dla upiększenia mojej pracy, dla upiększenia moich wspomnień, dla honoru i zaszczytu moich dzieci dano mi miano, które u nas dziecko, nieledwie, gdy wymawiać słowa polskie zaczyna, wspomina je z czcią – dano mi nazwisko „Naczelnika", imię, które łzy wyciska, wielkie imię Kościuszki. To imię Naczelnika tworzącego się państwa, Naczelnika, który w jednym ręku władzę cywilną i władzę wojskową ma piastować, któremu wyjątkowe prawa nadano, ażeby mógł w wyjątkowej sytuacji wyjątkową pracę dawać, to imię zostało mnie ofiarowane.

Zgadza się.

Żadnego gwałtu, żadnej korupcji, żadnej próby zmuszania kogokolwiek, żeby w tej chwili rękę za mną podniósł, czy głos swój za mną oddał – nie było. Czy ktokolwiek to robił ze strachu, czy przez przyzwoitość, czy z powodu niemożności znalezienia innego wyjścia – to jest wszystko jedno. Fakt jest taki, że skupiło się to na mojej osobie. Czy dalej mam mówić o sobie?

To jest książka o panu. Proszę bardzo.

Zawsze jestem stawiany w tym dziwnym położeniu, że jeżeli mówię o sobie – to nie jest to w porządku, bo – mówią inni – ja choruję na egocentryzm. Przyzwyczaiłem się od dawna do takiego stawiania sprawy. Twierdzę jednak, że mam pewne prawo mówienia o sobie, gdyż każdy historyk, który się zetknie z tą epoką, musi mówić o mnie, o tym obiekcie historycznym, który się nazywa Józef Piłsudski.

Panie Marszałku, niepostrzeżenie znowu pan przeszedł na mówienie o sobie w trzeciej osobie. Tak jakby było was dwóch.

Naczelników państwa nie mogło być dwóch. Tak jak nie mogło być dwóch naczelnych wodzów. Polska szybko zrozumiała, że nie potrzebuje sześciu czy dwunastu naczelników państwa i dwudziestu pięciu naczelnych wodzów. Wobec tego, że byłem na tych stanowiskach jednym, historia musi trzymać się tego faktu, iż przez dłuższy okres czasu był w Polsce człowiek, który się nazywał Józef Piłsudski i który był skazany na indywidualną pracę, czy to jako Naczelnik Państwa, czy jako Naczelny Wódz armii polskiej.

I żadne złośliwości wrogów go nie zmogą. Amen!

Myślałem już nieraz, że umierając przeklnę Polskę. Dziś wiem, że tego nie zrobię. Lecz gdy po śmierci stanę przed Bogiem, będę go prosił, aby nie przysyłał Polsce wielkich ludzi.

Źródła:

Pierwsze dni Rzeczypospolitej Polskiej – wykłady z 15 i 16 listopada 1924 r. wygłoszone w Krakowie, *Pisma zbiorowe*, t. 8, s. 102–119.

Przemówienie wygłoszone na bankiecie w hotelu Bristol 3 lipca 1923 r., *Pisma zbiorowe*, t. 5, s. 24–35.

Wywiady z Ignacym Rosnerem, redaktorem „Kuriera Polskiego" z 31 grudnia 1922 r. i 6 stycznia 1923 r., *Pisma zbiorowe*, t. 5, s. 5–14.

ROZDZIAŁ 6
MORD

Był cień, który biegł koło mnie.

Nie bardzo rozumiem.

Cień to wyprzedzał mnie, to zostawał w tyle. Cieniów takich było mnóstwo, cienie te otaczały mnie zawsze, cienie nieodstępne, chodzące krok w krok, śledzące mnie i przedrzeźniające. Czy na polu bitew, czy w spokojnej pracy w Belwederze, czy w pieszczotach dziecka – cień ten nieodstępny koło mnie ścigał mnie i prześladował.

O czym pan mówi, panie Marszałku? Brzmi to, jakby miał pan obsesję.

Zapluty, potworny karzeł na krzywych nóżkach, wypluwający swoją brudną duszę, opluwający mnie zewsząd, nie szczędzący niczego, co szczędzić trzeba – rodziny, stosunków, bliskich mi ludzi, śledzący moje kroki, robiący małpie grymasy, przekształcający każdą myśl odwrotnie; ten potworny karzeł pełzał za mną, jak nieodłączny druh, ubrany w chorągiewki różnych typów i kolorów – to obcego, to swego państwa.

Jakbym widział plakat: zapluty karzeł reakcji!

Karzeł ten wykrzykiwał frazesy, wykrzywiał potworną gębę, wymyślał jakieś niesłychane historie. Ten karzeł był moim nie-odstępnym druhem, nieodstępnym towarzyszem doli i niedoli, szczęścia i nieszczęścia, zwycięstwa i klęski. To nie jest tylko metafora, zacytuję tylko kilka faktów, takich potwornych, dzi-kich, że trudno pojąć, z jakiej kadzi nieczystości zarazić trzeba sobie wyobraźnię, by podobne rzeczy wymyślić.

Reprezentant narodu, wybrany przez wszystkich, reprezen-tujący wszystkich – kradnie! Zbiera się komisja sejmowa, aby szukać skradzionych przez tego reprezentanta insygniów kró-lewskich.

Ach, o tym pan mówi! Wszystko przez totalne nieporozumie-nie z 1920 roku. Najpierw posłowie chcieli sprawdzić plotkę, jakoby w kościele we Włodzimierzu Wołyńskim przetrwały zrabowane przez Prusaków na początku XIX wieku polskie insygnia koronne, a potem, gdy ich nie znaleziono, ktoś puścił plotkę, że jednak się odnalazły i że są ukrywane. Poseł z klubu Narodowej Demokracji uznał to za dobry pretekst, by powo-łać komisję śledczą w tej sprawie. I to pana tak wyprowadziło z równowagi? Pomówienia posła Skarbka?

Komisja sejmowa szuka, śledzi, bada, poszukuje skradzio-nych przez tego reprezentanta rzeczy! Czy coś bardziej po-twornego, coś bardziej wstrętnego, coś bardziej oplutego po-myśleć można? Czy można mieć reprezentanta tego rodzaju? Złodzieja! Ale to nie wszystko! Nasz reprezentant zdradza kraj w czasie wojny, umawia się z nieprzyjacielem! Naczelny Wódz, prowadzący wojnę, jest zdrajcą! Gdzież na niego kara?! Czy jest próba usunięcia go? Czy jest próba pociągnięcia go do odpowiedzialności? Czy jest próba zrobienia go odpowiedzialnym za te niebywałe zbrodnie?

Gorączkuje się pan, jakby miał coś na sumieniu. Trzeba to było puścić mimo uszu.

Nie da się tak. Sugestywna siła plotki robi z fałszu, który wydaje się być dla każdego czytelny, podstawę myślenia i sądu politycznego. Mógłbym przykładów tego przytaczać tuzinami. Ot, choćby igranie z prawdą historyczną w wypadku boju pod Warszawą. Gdym koncepcję tej bitwy stwarzał, wypowiadałem otwarcie swe zdanie o tym nonsensie strategicznym. Powiedziałem to generałom Rozwadowskiemu, Weygand'owi i Sosnkowskiemu, których zostawiłem w Warszawie. Dodałem, że atak w tych warunkach jest trudny do zmontowania, ale skoro tak robimy, to jak zwykle podczas wojny, biorę na siebie rzecz najtrudniejszą, tzn. dowodzenie atakiem decydującym ze słabymi względnie siłami. Dnia 12-go sierpnia wyjechałem z Warszawy do Puław. W parę dni potem dowiedziałem się – nie ze zdumieniem, bo byłem już do tego przyzwyczajony, lecz jakby dla stwierdzenia mojego poglądu na sugestywność plotki u nas – że opuściłem Warszawę, bo… stchórzyłem.

Plotki były również takie, że załamany psychicznie chciał pan popełnić samobójstwo.

A była i taka! Jak daleko taka plotka sięga i jakie wywołuje efekty, osądzi pan z tego, że już po zwycięstwie, prokuratura w którymś z miast wielkopolskich zwróciła się do mnie, jako do Naczelnika Państwa, z zapytaniem, czy ma ścigać z mego upoważnienia paru ludzi, którzy publicznie wyrazili się o tym fakcie, że uciekłem z miliardami, danymi mi prawdopodobnie przez bolszewików!

I co pan zrobił?

Było mi to obojętne. Ale o co innego mi chodzi. Idzie tylko o plucie, o ten kał wewnętrzny, którym pełna była dusza tego, kto się na te rzeczy zdobywa. Idzie o jakieś niesłychanie obrzydłe zjawisko duszy ludzkiej, która w ten sposób postąpić może.

Potworny karzeł, wylęgły z bagien rodzimych. Bity po pysku przez każdego z zaborców, sprzedawany z rąk do rąk, płatny. Oto ci, którzy chcą obniżyć do swego poziomu to, co zostało wzniesione wysoko. To paskudztwo duszy, które do mnie przylepiano, było tak nieodłączne, tak systematyczne, że gdy myślę o przeszłości, zawsze się oglądam, czy ubranie moje jeszcze nie cuchnie.

Widzę, że zalazł panu za skórę!

I jeszcze plucie to chrzczono wysokimi słowami, wysokimi hasłami. Była to praca tzw. narodowa, praca tzw. patriotyczna! Takie rzeczy rzadko się zdarzały na świecie, gdyż są one potworne, niemoralne, dzikie i wstrętne. Wylęgać się takie zjawiska mogą tylko w bagnie niewoli, przez które narody przechodzą.

To naprawdę wszystko brzmi tak, jakby miał pan obsesję. I nie radził sobie z krytyką, która w naszym kraju rzeczywiście często przekracza wszelkie granice.

To nie jest tylko moja obsesja. W tej samej chwili, gdy Belweder, miejsce zaszczytu, miejsce honoru Polski, opuściłem, wszedł tam inny człowiek, wybrany legalnie aktem uroczystym, podpisanym przez marszałka sejmu. Oddałem mu władzę zgodnie z Konstytucją. Na moje miejsce przyszedł dla reprezentacji narodu całego i wszedł na tę ścieżkę, którą ja po trosze przetorowałem. Ja tu nie rozważam jego zalet ani wad, nie omawiam jego wartości. Człowiek ten, jak ja, został wyniesiony ponad innych, dobrowolnym aktem. To posłowie, reprezentanci narodu włożyli na niego obowiązek, że ma być naszym przedstawicielem, ma w pieczy mieć nasz honor, naszą godność. Ta szajka, ta banda, która czepiała się mego honoru, tu zechciała szukać krwi. I co się wydarzyło? Nasz prezydent został zamordowany po burdach ulicznych przez tych samych ludzi, którzy ongiś w stosunku do mnie tyle brudu, tyle potwornej, niskiej nienawiści wykazali. Teraz spełnili zbrodnię. Śmierć Narutowicza jest dla mnie tym smutniejsza, że był to przyjaciel, którego nie chciałem narażać nawet na pracę, a naraziłem na śmierć niezasłużoną!

To była niedziela, 16 grudnia 1922 roku, pięć dni po zaprzysiężeniu. Gabriel Narutowicz czuł już się trochę lepiej. Fala pomyj, jaka wylała się na niego po wyborze i zaprzysiężeniu, jakby osłabła. Narodowcy nadal nie mogli mu wybaczyć „zniewagi narodu polskiego", jakim było przyjęcie tytułu prezydenta, ale tego dnia miało być mniej polityki. Wychodząc z mieszkania, prezydent powiedział jeszcze Leopoldowi Skulskiemu: „W razie nieszczęścia zaopiekuj się mojemi dziećmi", jakby coś przeczuwał. Ale potem odzyskał humor. Najpierw złożył wizytę kardynałowi Kakowskiemu. Gdy wyszedł od niego w dobrym nastroju, dowcipkował, że wizyta w Zachęcie zapewne się przeciągnie. „Co zatem będzie, jeśli obiad wystygnie?" – pytał na głos otoczenie. Tymczasem zaproszeni goście zbierali się w Zachęcie już od godziny 11. Przybywali politycy, artyści, społecznicy. Premier Julian Nowak oczekiwał głowy państwa w westybulu. Aż wreszcie, punktualnie w samo południe, pojawił

się prezydent. Wysiadł z auta i skierował się ku schodom prowadzącym do głównego wejścia. Prezes Zachęty Karol Kozłowski poprosił zebranych o utworzenie szpaleru, zaś szef protokołu dyplomatycznego hrabia Stefan Przeździecki wygłosił słowa powitania. Rozległy się oklaski. Prezydent Narutowicz podziękował i skromnie przyznał, że bardzo interesuje się sztuką, lecz do tej pory brak czasu nie pozwalał mu na wizytę w galerii.

W towarzystwie premiera oraz wiceprezesa Zachęty i artysty Edwarda Okunia ruszył na górę. Na piętrze rozpoczął spacer po galerii. Tu zamienił kilka zdań z ambasadorem Wielkiej Brytanii Maxem Mullerem, który przepraszał za nieobecność na zaprzysiężeniu. Na koniec ambasador poprosił o przyjęcie gratulacji z tytułu objęcia funkcji, na co prezydent żartobliwie odparł, że… „raczej kondolencji".

Ruszył dalej. Stanął przed obrazem Teodora Ziomka pod tytyłem *Szron*. Płótno przedstawia pejzaż zimowy z finezyjnym cieniem drzewa na śniegu. Gdy prezydent kontemplował bogatą fakturę śnieżnej zaspy, rozległ się huk. Narutowicz niemal natychmiast osunął się na podłogę, wtedy dosięgły go dwa kolejne strzały.

Rewolwer z rąk zamachowca wytrącił Okuń, poetka Iłłakowiczówna schyliła się do głowy konającego. Ujęła skronie i przytrzymała je do czasu, aż nadbiegł doktor Śniegocki. Stwierdził natychmiastowy zgon, wewnętrzny krwotok z płuc. Słowa „raczej kondolencje" były ostatnimi słowami prezydenta.

Kilka minut później do siedzącego w eskorcie, jakby nieobecnego duchem, Niewiadomskiego przepchał się zdenerwowany Witkiewicz (brat ojca Witkacego). Drżącym ze wzruszenia głosem wykrzyknął, jak ten mógł dopuścić się takiego bestialstwa wobec pierwszego obywatela Polski?! Dopiero wtedy Niewiadomski drgnął i odpowiedział: „Za pieniądze żydowskie wybranego!".

Rodzinę Narutowiczów znam od dawna, jako starą osiadłą szlachtę z tych samych stron co i ja, z Kowieńszczyzny. Rodzina bez innych tajemnic jak te, które znane były wszystkim sąsiadom, znajomkom i krewnym. Tymczasem, tu dowiedziałem się innej prawdy, że Narutowicz, który nosił imię Gabriel, pochodzić miał z rodziny żydowskiej. Starzy Narutowicze musieli się chyba przewracać w swoich grobach familijnych! Ale na tym kłamstwie budowano daleko idące przypuszczenia, a w słabych głowach skutecznie działa metoda kłamstw, plotek i potwarzy...

Te kule, które trafiły Narutowicza, nie były przeznaczone dla niego. Ofiarą mordu założycielskiego nowej Rzeczpospolitej miał być kto inny.

Tak, wiem. Zabójca chciał zamordować mnie. To jest bardzo bolesne uczucie, że za mnie zginąć miał kto inny, przyjaciel. Uderza mnie fakt aberracji moralnej, polegającej na zrzuceniu z taką łatwością odpowiedzialności personalnej z jednej osoby na drugą. Żałuję, że Niewiadomski nie napisał do mnie...

Na rozprawie sądowej przyznał, że był pewny, że pojawi się pan na otwarciu wystawy o Warszawie czasów Stanisława Augusta w domu Baryczków na Starówce i tam pana zastrzeli. To miało być 6 grudnia...

Byłbym z pewnością przyjechał do Baryczków po tę polską kulę, która zgodnie z moim szczęściem pewnie by mnie ominęła.

Ale w zbiorze kul, do mnie wymierzonych, byłaby jedyną narodową kulą polską! To jest duch Wschodu zastrzelić kogoś
innego, kto nie dźwiga na sobie odpowiedzialności. Czy za
moje uczynki, kto nie zastrzeli mi córki? Czy ona ma odpo-
wiadać za ojca?

Duch Wschodu?

To aberracja. Dla ludzi z zwłaszcza z zaboru rosyjskiego,
wpływ Wschodu był fatalny. Nie chcę tego Wschodu poniżać,
przedstawia on swoją własną kulturę; nie mówię, że byłą od naszej gorsza, ale jest inna. W swej pogoni za absolutem wyklu-
cza indywidualność, zaciera indywidualną odpowiedzialność.
Takich stygmatów Wschodu jest u nas mnóstwo. Starałem się
bronić społeczeństwa przed nimi. Jako iluzjonista, tęskniąc do
normalnego przejawu życia narodowego, jakim jest państwo
polskie, szukałem czynników, danych, które niesie za sobą rasa
polska, w których się czuję dobrze, które potęgują siły jednostki i narodu. Bo cudza dusza to rzecz niebezpieczna. Dla mnie
upokarzająca w sprawie Niewiadomskiego jest ta tajemnica
Wschodu w nas.

**Zostawmy tu Niewiadomskiego. Wróćmy do Narutowicza.
Pamięta pan wasze pierwsze spotkanie?**

Osobiście poznałem go, gdy już w czasie istnienia wolnej
Polski wrócił z emigracji i został mi przedstawiony jako kandy-
dat na ministra robót publicznych w gabinecie p. Skulskiego.

Pierwsze wrażenie?

Uderzyły mnie jego wesołe, jakby rozradowane oczy, którymi oglądał zarówno mnie, jak i całe belwederskie otoczenie.

Stosunki nasze były zrazu bardzo luźne. Ograniczały się do kilku nic nie znaczących rozmów, do wymiany jakichś urywkowych zdań. Pochodziło to stąd, że dla resortu, który objął p. Narutowicz, nie miałem nigdy wybitnego zainteresowania.

Co pan o nim wiedział?

Że jest namiętnym sportowcem. Że to człowiek bardzo już niemłody, człowiek nauki, rozkochany w koniach i w polowaniu, jeżdżący co dzień pomimo wieku, robiący długie wycieczki piesze, wesoły towarzysz myśliwski. I nagle zaszedł fakt, który mi go przedstawił w zupełnie nowym świetle. Usłyszałem, że p. Skirmunt, ówczesny minister spraw zagranicznych, wyjeżdżając na konferencję w Genui, chciał mieć jako wiceprzewodniczącego delegacji polskiej, właśnie Gabriela Narutowicza. Byłem tym niezmiernie zdziwiony. Konferencja po wielu perypetiach zakończyła się względnie szczęśliwie. Wprawdzie uznania granic, zgodnie z moimi przewidywaniami, nie osiągnęliśmy wcale, lecz to, co uważałem na naszą wygraną, osiągnęliśmy w zupełności, wyszliśmy z konferencji obronną ręką.

Potem pan zmienił zdanie. Układ niemiecko-sowiecki, który obie strony zawarły w Rapallo pod Genuą, uznał pan za skierowany przeciwko Polsce.

No, ale to potem. Wystarczy przecież znajomość interesów obu stron… Ale wtedy, po powrocie z Genui zebrali się u mnie w Belwederze główni nasi delegaci. Wtedy po raz pierwszy miałem sposobność poznać bliżej Gabriela Narutowicza. Widać było w każdym niemal słowie, że mówi o świecie zagranicznym, jak człowiek, który świat ten zna, z tym światem się zżył i obraca się w nim ze znacznie większą swobodą niż w świecie polskim. Długoletni pobyt w Szwajcarii...

Trzydziestotrzyletni.

...stale obcowanie z mnóstwem ludzi, zatrzymujących się na krótko lub na długo w tym zajezdnym domu Europy, w Szwajcarii, dawały mu ten spokój w ocenie ludzi i zjawisk, jaki rzadko spotyka się w Polsce. Był człowiekiem, którego nazwałem Europejczykiem w sposobie ujmowania państwa i oceny pracy ludzi.

Jak się wtedy czuł w Polsce?

Dobrze. Więcej – był szczęśliwy i dziwił się tylko, że ludzie, z którymi się spotyka, są ciągle czegoś skwaszeni i z czegoś niezadowoleni. Mówił mi, że od czasu swego przyjazdu do Polski nie może się do nich dostroić i dlatego wciąż mu się wydaje, że jest emigrantem. Męczyło go jednak pytanie, dlaczego Polacy nie czują szczęścia. Śmiał się, opowiadając mi, że przypomniał sobie swoje młode lata, chadzając na polowania po lasach i błotach i spotykając się z ludźmi prawie takimi samymi, jakich znał w dzieciństwie i młodości. Nie ma dotąd, jak mi mówił, żadnych nieprzyjaciół. Ze wszystkimi żyje dobrze i sądzi, że tylko u nas istnieje jakaś dziwna nieumiejętność do współżycia i zdolność do kłócenia się bez żadnej przyczyny. Nie rozumiał tego. Szczerze się śmiałem z niego, twierdząc, że nie przeżył z nami czasów niewoli i że przenosi tak łatwo stosunki, do których się przyzwyczaił w najspokojniejszym kraju europejskim, w Szwajcarii, na nasze chore jeszcze warunki życia. Śmiałem się mówiąc mu, że może on swoją europejską uległość utrzyma, przejdzie swe życie bez zadraśnień i nieprzyjaciół, ale że wówczas będzie w Polsce zupełnym wyjątkiem.

MORD   149

A potem został ministrem spraw zagranicznych.

Ostrzegłem go, że staje do roboty najtrudniejszej w Polsce. Bo na żadną lojalność pewnych czynników politycznych w tej dziedzinie liczyć nie może. Że znajdzie działające poza swymi plecami inne „ministerstwa spraw zagranicznych", które zawsze działają przeciwko oficjalnemu przedstawicielowi Państwa Polskiego.

Wreszcie zaznaczyłem, przypominając mu jego dawniejsze rozmowy, że jeżeli się tak chwalił poprzednio, że nie ma nieprzyjaciół, to z chwilą wstąpienia do gmachu na ul. Wierzbowej, wchodzi od razu do gniazda os. A te nie będą oszczędzać ani jego osoby, ani jego czci i honoru. Narutowicz oburzył się na mnie, jak zawsze, że wydaję tak bezwzględne sądy o stosunkach polskich. Ze śmiechem jeszcze, który mu prędko miał zamrzeć na ustach, twierdził, że może okaże się nieudolnym ministrem spraw zagranicznych, lecz pewny jest, że przez to nie utraci przyjaznych stosunków, jakie ma we wszystkich stronnictwach. I że to mu pozwoli spokojnie i rzeczowo rozmawiać o kwestiach polityki zagranicznej.

Jakim był szefem MSZ?

Przede wszystkim wniósł on swoją namiętność do pracy. Nie było dla niego godzin urzędowych, nie było chwili wytchnienia. Dotychczasowe wywczasy myśliwskie, dalekie przechadzki i inne mniejsze lub większe rozkosze życia, ustąpiły wymogom urzędu. Pracował bardzo długo, szukając zawsze zgłębienia przedmiotu i wyrobienia sobie zdania na podstawie możliwie największej ilości danych. Nie uprzedzał się z góry do żadnej opinii, do żadnego zdania tak, jak gdyby szukał najmniejszego ziarnka prawdy w każdej głowie ludzkiej, w każdej pracy człowieka. Zajmowało mu to, naturalnie, ogromną ilość czasu. Gdy przychodził do mnie co parę dni, każdą kwestię znał dokładnie i mógł mi wymienić szczegóły opinii takiego czy innego naszego czy obcego dyplomaty. Przy tym, zawsze zachowywał należytą rezerwę, nigdy nie twierdząc lekkomyślnie, jak to u nas często bywało, że wie z pewnością, co w różnych stolicach Europy myślą lub też co rozmaici mężowie stanu chcą zrobić.

Podobno był zdumiony fatalnym etosem pracy naszej dyplomacji.

Starał się pozbawić Warszawę sławy najbardziej plotkarskiej stolicy europejskiej. Bał się ciągle, by żadna z jego rozmów z przedstawicielami obcych państw nie była powtarzana. Żeby żaden z raportów naszych posłów nie stał się publiczną tajemnicą i nie skompromitował jakiegoś naszego ambasadora. Ta smutna sława naszej stolicy, o której nieraz mówił ze mną, ciążyła nad nim zawsze jak zmora. Twierdził, że z pomiędzy wielu zarzutów, które z ust moich usłyszał i którym chciał oponować, jeden zarzut plotkarstwa uważał zawsze za słuszny. Po prostu się obawiał, żeśmy sami przyczynili się do braku szacunku dla siebie w świecie. Twierdził, że jednym z najcięższych i najprzykrzejszych zarzutów, które słyszał w stosunku do Polski, obcując z ludźmi Europy, jeszcze jako człowiek prywatny, była opinia, że żadnemu Polakowi w niczym wierzyć nie można, gdyż zawsze kłamie.

To wtedy ten jego „europejski" entuzjazm gdzieś się ulotnił.

Najpierw zaczął zapadać na zdrowiu. Serce miał chore, sklerozę dość daleko posuniętą i brak powietrza oraz ruchu, do którego był się przyzwyczaił, zachwiały jego organizmem. Wzdychał za każdym razem do polowania. Coraz częściej po skończeniu referatu wyrażał nadzieję, że za kilka dni uda mu się wyciągnąć w pole, jak mówił, dla odpoczynku.

No i zaczęły mu ciążyć warunki pracy. Czuł się źle moralnie, zaczynała znikać jego poprzednia wesołość i beztroska. Nie czuł się tak swobodnie, jak dawniej, między ludźmi. Z szczęśliwego emigranta, przybyłego służyć Polsce, zmieniał się powoli w niespokojnego, „skwaszonego", jak dawniej o innych mówił, Polaka.

Nie chciał kandydować. Gdy zgłoszono jego kandydaturę, po prostu nie odmówił. Co ciekawe, naprawdę uważał, że przedstawiciel obozu narodowego Maurycy Zamoyski jest świetnym kandydatem na prezydenta, lepszym od niego.

Był u mnie z zapytaniem, jakbym się zapatrywał na jego kandydaturę. Odpowiedziałem, że byłoby mi bardzo nieprzyjemnie, gdyby ją przyjął. Powód przemilczałem, bo był czysto osobistej natury. Narutowicz był bardzo ciężko chory i już jako minister doszedł do takiego zmęczenia, że nie sypiał po nocach i z trudnością wstępował na schody. Wiedziałem z góry, że na stanowisku Prezydenta spotkać go muszą rzeczy i zjawiska, do których człowiek europejskiej kultury i przyzwyczajeń dopiero z latami i z trudnością przywyka, jak np. łatwość w przechodzeniu do porządku dziennego nad osobistym życiem człowieka, nad jego czcią i honorem.

Nie wycofał jednak swojej kandydatury.

Przed samym wyborem jeszcze raz przyszedł do mnie. Jeszcze raz powtórzył swoje pytanie, a ja jeszcze raz odradziłem.

Wówczas zrzekł się kandydatury, jak mi to sam powiedział. Wybrano go więc wbrew jego woli, z tą naszą wschodnią łatwością rozporządzania nazwiskiem, które przecież należy do osoby. A każda osoba przecież należy do siebie.

Wreszcie wybiła fatalna dla ś.p. Narutowicza godzina.

Na początku głosowania wydawało się, że nie będzie miał najmniejszych szans. W pierwszej turze dostał 62 głosy, Zamoyski 222. Ale już w piątej turze uzbierał ich 289, co rozsierdziło narodowców. Podobno o wyborze został powiadomiony telefonicznie i zdobył się tylko na krótkie: „Co wyście mi narobili?". I wtedy się zaczęło. Poseł Antoni Sadzewicz grzmiał na wiecu: „W roku 1912 Żydzi narzucili Warszawie niejakiego Jagiełłę jako posła do Dumy rosyjskiej. Dziś posunęli się dalej: narzucili pana Narutowicza na prezydenta".

W zwykłych europejskich warunkach wybór prezydenta budzi ogromną ciekawość. Wszyscy pytają i chcą wiedzieć: kto on? Ale tam starają się ludzie dowiedzieć prawdy. U nas odwrotnie, szukają przede wszystkim kłamstwa. I wierzą w to kłamstwo.

11 grudnia został zaprzysiężony na prezydenta. Jego podróż odkrytym powozem na uroczystość przeszła do historii. Obrzucono go śniegiem i błotem. Ktoś kijem strącił mu z głowy cylinder, ułomek cegłówki trafił hrabiego Przeździeckiego. Tymczasem on stał w powozie wyprostowany, wstrząśnięty tym, co się dzieje. Jakiś student uczepiony powozu chciał uderzyć go w głowę, nie trafił.

Byłem natychmiast po zajściach u niego z wizytą. Siedział w fotelu głęboko poruszony. Nie chciał mi opowiadać szczegółów. Wskazał mi rewolwer, leżący opodal i powiedział: „Chciałem wziąć tę broń ze sobą, a strzelam bardzo celnie. Zostawiłem rewolwer na stole. Nie chcę się bronić". Była w tym gorycz głęboko zawiedzionego w swych uczuciach człowieka. Od razu przypomniał tak częste rozmowy ze mną na temat mojej bezwzględności sądów. „Ma pan rację – mówił mi – to nie jest Europa. Ci ludzie lepiej się czuli pod tymi, kto karki im deptał i bił po pysku". Wyrzucił na stół kupę listów i kopert. „Patrz pan!" – zawołał.

Spojrzałem na niektóre. Były to anonimy wszelkiego rodzaju, pełne brudu, inwektyw, płaskich dowcipów, gróźb.

Zacytujmy tylko dwa: „Wobec wyboru pana ministra na prezydenta Rzeczpospolitej Polskiej głosami lewicy i mniejszości narodowych, grozimy panu ministrowi jak najfantastyczniejszym mordem politycznym". Podpisane: „polski faszysta". Albo: „Przypominam, że grozi panu śmierć naturalna z powodu ataku serca. Czas zrobić testament".

Nie mogłem się wstrzymać od głośnego śmiechu. Spojrzał na mnie zdziwiony. „A telefony? – zapytałem. – Zapytania, zadawane udanym żydowskim akcentem, czy zdarzają się już u Pana?". Zerwał się wtedy z fotela. Powiedział, że w ten sposób to dokuczają mu już od dawna. Nawet zapytał, skąd o tym wiem.

Co mu pan powiedział?

Że gdy ja byłem Naczelnikiem Państwa i Naczelnym Wodzem – wszy wyłaziły zewsząd. To są u nas zwykłe rzeczy! To „narodowa robota"! Dodałem ostrzeżenie, że jeśli ma rodzinę lub w ogóle przyjaciół lub osoby, które kocha, to będą miały te same wszy na ubraniu i że nie należy nic sobie z tego robić, bo to najlepszy środek. Nie mógł się z tym pogodzić. Musiałem go aż uspakajać.

Dziwi mu się pan? Grożono śmiercią nawet jego synowi. Potem odwiedził go pan jeszcze dwa razy. Już w Belwederze.

Ostatnim aktem, wzruszającym mnie delikatnością uczuć, aktem, którego mi trudno zapomnieć, była propozycja, bym w Belwederze wybrał najmilszy mi pokój. Chciał go zachować bez żadnej zmiany, tak, by on mu o mnie i o mojej pracy w Belwederze przypominał. A gdym mu wskazał mój pokój sypialny, w którym najcięższe chwile i najcięższe noce przebyłem, zaproponował mi od razu, bym zostawił tam wszystkie swoje osobiste pamiątki i rzeczy. Nie pozwoli ich stamtąd ruszyć. Wszystko dla zachowania o mnie pamięci.

Ostatniego wieczoru przed śmiercią już u niego nie byłem.

Następnego dnia pojechał do Zachęty. Wiedział pan, że w 1923 roku aż trzysta dzieci w Polsce dostało na chrzcie imię Eligiusz?

Nie. Ale gdym poszedł do Belwederu, gdzie było złożone jego ciało, pożegnać się, usiadłem w sąsiednim pokoju. Pomyślałem: „Zginąłeś od kuli nie wrażej, o której może w dzieciństwie marzyłeś, ale od kuli rodaków, do których niosłeś swą ewangelię miłości i pracy. Czy zginąłeś w ten sposób za to tylko, że takim byłeś, czy za to, że z brudem niewoli walczyć nie chciałeś, czy nie mogłeś?".

Dużo w naszej rozmowie tego błota, kału, brudu…

Niestety. To na zakończenie zrobię małą symbolikę. Długi czas pracowałem w gmachu na placu Saskim, gdzie przechadzając się po wielkim gabinecie, rzucałem raz po raz okiem na ciemne, szare widoki Warszawy. I zawsze widziałem jakieś dziwne rzeczy – szarą płachtę, otaczającą jakąś dziwna postać. Naprzód szedł koń. Koń, idący ku słońcu, przerywający parkan, za nim na czworakach pełznącą postać ludzką. Ten widok nieraz mnie śmieszył. Co za oryginalna konstrukcja rzeźbiarska – myślałem. Gdzież tu jest myśl, gdzież tu jest idea, gdzie tu jest praca wielkiego artysty? Wielkie konisko, przerywające parkan, za nim z głową schowaną, jakby ze wstydu, na czworakach człowiek. A to był nasz wielki Naczelny Wódz.

To wyjaśnijmy tu, że wiosną 1923 roku na placu Saskim, przed siedzibą Sztabu Generalnego, przed pana oknami, rozpoczął się montaż pomnika Józefa Poniatowskiego. Zwrócili go nam Rosjanie.

Książę wrócił do kraju, szukał serca, szukał tego, czego dawno, dawno nie widział. Gdzież ten piękny ułan, gdzież jest ta postać wyśpiewana, wymalowana? Gdzie ona jest? Oddano mu hołd i sztandary przed nim powiewały, grzmiały armaty, jak nieraz w bitwach. Stanął wtedy i patrzy. Gdzie są moi następcy? Gdzie w wolnej Polsce naczelni wodzowie? Gdzie są moi koledzy? Ja zginąłem ongiś w błocie.

Właściwie to w nurtach Elstery.

Błoto, powtarzam, przykryło mi oczy. Błoto zasłoniło wzrok. Gdzie są oni? Na mnie pierwszego padł zaszczyt być Wodzem Naczelnym Polski. Ja hufce stawiałem, ja je rzucałem w bój. Na pomniku są słowa: „Honor i Ojczyzna". Szukasz honoru? Znajdziesz twego następcę także w błocie, w błocie rodzimym! Błotem został napojony. Taki jest los naczelnych wodzów Polski. Gdy patrzę na ten pomnik – mówię: I ja idę do błota.

No nie, nie mogę się z tym zgodzić. Zdecydowana większość Polaków nie tyle pana szanuje, co kocha. We wszystkich rankingach poparcia jest pan na czele.

A, gdzie tam! To gdzie indziej wódz naczelny, który zwyciężył, jest czczony, spotykają go honory i zaszczyty, bo przecież on państwo wyratował, przecież on ocalił od nieszczęścia wszystkich. U nas inaczej – wódz ma iść w błoto i tylko, gdy dostatecznie błota się napije, ma być godnym Polski. Przywołując te rzeczy, streszczając historię lat ubiegłych, nie chcę wcale wywołać efektu tragizmu.

Nie?

Chcę tylko stwierdzić, że to błoto jest i że ma ono powagę i znaczenie w Polsce. I jeżeli Polska w pierwszym okresie zdobyła się na naprawę Rzeczypospolitej, to naprawdę wielkich wysiłków pracy trzeba, aby znowu na drogę naprawy ją wypchnąć.

Źródła:

Przemówienie wygłoszone na bankiecie w hotelu Bristol 3 lipca 1923 r., *Pisma zbiorowe*, t. 5, s. 24–35.

Wspomnienia o Gabrielu Narutowiczu z lipca 1923 r., *Pisma zbiorowe*, t. 5, s. 36–59.

Wywiady z Ignacym Rosnerem, redaktorem „Kuriera Polskiego" z 31 grudnia 1922 r. i 6 stycznia 1923 r., *Pisma zbiorowe*, t. 5, s. 5–14.

ROZDZIAŁ 7
DEMOKRACJA

Chciałbym zacząć tę cześć rozmowy od dość długiego cytatu z „Gazety Polskiej". To opis zajść w Sejmie, do których doszło 31 października 1929 roku. Marszałek Sejmu Ignacy Daszyński miał o godzinie szesnastej rozpocząć posiedzenie, ale nie zrobił tego, bo do parlamentu wkroczyło pod bronią ponad dziewięćdziesięciu oficerów z panem na czele. Marszałek uznał to za „wdarcie się przemocą" i odmówił rozpoczęcia pracy. Wtedy odwiedził go pan w gabinecie z generałem Felicjanem Składkowskim i podpułkownikiem Józefem Beckiem.

Bo pan marszałek przekręcał wszystko, co mówiłem, dlatego wziąłem dwóch świadków. Chciałem go zapytać, po co robi te hece.

„Te hece" to odmowa inauguracji posiedzenia z wojskiem na karku. Pan twierdził, że oficerowie jako obywatele RP mają prawo tam przebywać i nie mogą im tego zabronić jacyś „fagasi". Tym „fagasem" – według pana – był dyrektor biura Sejmu, który domagał się opuszczenia przez wojsko budynku parlamentu. Na próżno.

Marszałek Daszyński nazwał mnie „swoim gościem" i powiedział, czego nie zrozumiałem, że nie chce robić użytku, z tego co mu powiedziałem.

Teraz ja tego nie rozumiem. Zacytuję opis waszej rozmowy:
„Daszyński: Pan mówi, że robię głupstwa.

Piłsudski: Ja nie jestem gościem, jestem tu oficjalnie.

Daszyński: Ja też oficjalnie!

Piłsudski: Więc proszę pana o trzymanie języka (uderzenie w stół ręką) i pytam pana, czy zamierza pan otworzyć sesję?

Daszyński: Pod bagnetami, rewolwerami i szablami nie otworzę.

Piłsudski: To pańskie ostatnie słowa?

Daszyński: Tak jest.

Piłsudski: To pańskie ostatnie słowo?

Daszyński: Tak jest.

Pan Marszałek Piłsudski kłania się lekko i nie podając ręki, opuszcza gabinet pana marszałka Daszyńskiego. Przechodząc przez salonik pana marszałka Sejmu, mówi głośno: «To dureń»".

Powtórzę: ten pan jest nieprzytomny i jest wariatem. Kłamstwem jest jego twierdzenie, iż oficerowie przemocą zajęli jakąkolwiek część gmachu sejmowego.

Ale prawdą, że drugi rzut oficerów czekał w pogotowiu z pobliskim Szpitalu Ujazdowskim. Też byli uzbrojeni w chusteczki do otarcia łez?

Co do uzbrojenia oficerów, to przy szabli mogła być zaledwie połowa z nich.

A pan miał broń tego dnia?

Osobiście byłem przy szabli i miałem w ręku białe rękawiczki. Dla wyjaśnienia więc stwierdzam, że szabla dawno już przestała być bronią i z wyjątkiem kawalerii nigdy nawet nie bywa ostrzona. To tylko tradycyjna część uniformu. Wolę dobrą laskę niż szablę jako broń.

Zostawmy teraz laski i szable.

Ale kłamstwem jest, że panowie oficerowie wywołali jakiekolwiek zajście w gmachu sejmowym. Natomiast prawdą jest, że zajście to wywołał marszałek Sejmu, p. Daszyński. Dyskutowano o tym na zebraniach oficerskich z kodeksem honorowym w ręku. Oficerowie spotkali się z afrontem.

A jakim? Jego protestem, że zakłócacie obrady?

Afrontem było wezwanie do opuszczenia przedsionka sejmowego. Zwykle on jest dostępny dla szerszej publiczności. Wezwanie to uraziło oficerów tym dotkliwiej, że zostało powtórzone w chwili, kiedy osobiście znajdywałem się w gmachu sejmowym, to jest, kiedy mieli słuszne prawo oczekiwać ode mnie, nie od kogo innego, takich czy innym rozkazów i poleceń. Oficerowie w tym niewłaściwym i nietaktownym zachowaniu dostrzegli – nie bez słuszności – lekceważenie i nieposzanowanie munduru. Ale już jest po sprawie. Ta została załatwiona bez uszczerbku na ich honorze.

Brawo. Wywołał pan konflikt i sam go potem rozwiązał, wydając rozkaz oficerom, aby odpuścili. Nie chcę dywagować teraz o honorze. Raczej interesuje mnie pana stosunek do demokracji, do sejmu. Nigdy pan nie ukrywał, że lepiej czuje się w wojsku. Że pana żywioł to armia i rozkazy, a nie demokracja i parlament. Pamięta pan swoje przemówienie po przewrocie majowym w 1926 roku? Radził pan wtedy sparaliżowanym szefom stronnictw sejmowych, aby wybrali na

premiera nowego rządu kogoś godnego tego stanowiska i...
nie związanego z żadną partią. Czyli sugerował pan politykom, aby wybrali na premiera niepolityka. Żeby „osiodłali
krowę", że zacytuję klasyka.

Powiedziałem: „Gdybyście tak nie postąpili – widzę wszystko w czarnych dla was kolorach, a dla siebie w barwach przy-
krych, bo nie chciałbym rządzić batem".

**No i po zamachu stanu jakoś przemógł pan w sobie tę nie-
chęć do bata.**

Rządzenie batem obrzydziłem sobie w państwach zaborczych.

**Ale to, co działo się po 1926 roku, nie było obrzydzeniem do
bata.**

Jestem człowiekiem silnym, lubię decydować sam. Ale gdy
patrzę na historię mojej ojczyzny, nie wierzę, naprawdę, aby
można było rządzić w niej batem. Nie lubię bata.

Chyba nikt nie lubi. Zwłaszcza batożeni.

Nasze pokolenie nie jest doskonałe, ale ma pewne prawo do
względów. Następne pokolenie będzie jeszcze lepsze. Nie! Nie
jestem za dyktaturą w Polsce. Inaczej wyobrażam sobie głowę
państwa: trzeba, aby miał on prawo szybkiego powzięcia decyzji w zagadnieniach, tyczących się interesu narodowego. Szyka-
ny parlamentarne opóźniają tylko nieodzowne rozwiązania.

Dlatego terroryzował pan sejm?

Cóżeście z tym państwem uczynili? Uczyniliście zeń po-
śmiewisko!

Tak pan wtedy mówił.

Jeżeli chodzi o mnie, to powtarzam raz jeszcze, że się nie zmienię. Moim programem było zmniejszenie łajdactw i utorowanie drogi uczciwości. Elekt musi posiadać honor ponad chęć zarobienia kilkudziesięciu groszy. Będę ścigał złodziei!

Ale do ścigania złodziei wojsko się nie nadaje. Od tego są prokuratura i sądy. Porozmawiajmy o demokracji.

Przypuszczam, że niejednemu z Polaków i niejednej z Polek jest znany mój wstręt organiczny do metod pracy, którą w ogóle parlamenty, a nasz sejm specjalnie, stosują do swoich robót. Wydaje mi się niekiedy, że metoda pracy sejmowej jest wymyślona dlatego, żeby wzniecić u każdego pogardę dla tej metody. Przeczy ona bowiem każdemu pojęciu o pracy, przeczy wszystkiemu, co może być nazwane sumiennym, produktywnym, a już nie mówię – rozumnym czy nawet rozsądnym. Sama treść pracy otrzymuje cios natychmiast, gdy minie się przedsionek gmachu na ulicy Wiejskiej.

To jest kompletne niezrozumienie zasad demokratycznych. Zupełne!

Więcej. Wobec tego, iż w życiu swoim, nie znosząc w ogóle oszczerstwa, wyrzucałem za drzwi co najmniej setki osób za próby oszczerstwa w stosunku nawet do dalszych znajomych, wobec tego że większą ilość skrzyczałem i zbeształem tak, że języka w gębie zapominali, nie jestem w stanie przypuszczać, abym mógł w ogóle oddychać atmosferą przepełnioną taką nikczemnością.

Zostawmy na chwilę polski sejm. Chodzi mi o demokrację w ogóle. Nie lubi pan demokracji jako sposobu funkcjonowania społeczeństwa. Dlaczego?

Kocham wojsko. Dzieje wojska – to dzieje nakazu. Rozkaz jest życiem wojska, rozkaz idący od człowieka do człowieka, zmuszający do tej, a nie innej czynności i pracy. Jest to odwieczne życie wojska – rozkaz i mus, związany z rozkazem. A rozkaz najgłębiej sięga tam, gdzie idzie nie tylko po przejawy życia, lecz gdzie zaprzecza jestestwu – i idzie po życie samo. Rozkaz i posłuch, nakaz i mus – to sfera, w której obraca się wojsko. Czy jest coś bardziej sprzecznego, gdy zestawić to wszystko z demokracją? Splątać w jeden rym demokrację i wojsko – czy jest coś trudniejszego? Wieczny problem!

Nie bardzo rozumiem.

Ludzkość ogromną część swego bytowania przeżyła pod władzą królów i cesarzy. Królowie, cesarze, imperatorzy byli dla wszystkich – i dla wojska, i dla tych, których to wojsko broniło, źródłem siły musu i nakazu. Aż przyszły czasy tak zwanej demokracji. Dla życia ludzkości stanowią one mrugnięcie oka, chwilkę tak niedługą, tak krótkotrwałą, że tylko zarozumiałość ludzka jest w stanie mówić o osiągnięciu szczytu. To, co my teraz nazywamy demokracją, wydaje się nieraz pozorem życia – jak frak, który w odświętne dni ubierany.

Demokracja jak frak – muszę to zapamiętać.

Czy ma pan nakaz ubioru? Nie. Każdy może sobie wybrać ubiór, jaki mu się żywnie podoba. Od tego jest swobodnym demokratą. A żołnierza, dziecko musu i nakazu, w guziki nakazu zapięto! Jest on niewolnikiem tego guzika!

Aaa, to stąd się wzięło to zdanie, że nie oddamy nawet guzika. Dygresja, przepraszam.

Czy ktokolwiek z demokratów, może być skrępowany w doborze małżonki? Czy o ten wybór kogokolwiek pyta, prócz krewnych? Pan swobodnie wybiera swój pokarm. Lecz mamy dwieście kilkadziesiąt tysięcy ludzi, którzy jeść muszą, co im dają. Gdy swobodny obywatel demokrata po alejach się przechadza i ukłony znajomym tak lub inaczej oddaje, to obok niego jest człowiek, praw ludzkich, demokratycznych pozbawiony. I ten może być skrzyczany, gdy palec inaczej przyłoży do daszka. To są codzienne sprzeczności demokracji i wojska.

Tyle że oprócz wojska w Polsce żyją jeszcze cywile. Poza tym to nie jest odpowiedź na moje pytanie.

To powiem inaczej. Bóg zaszczepił w moje łono elementy siły i mocy nakazu, co posłuch wzbudzać umie. Dał mi miłość dla mocy i siły. A jednocześnie przez długie życie przeszedłem z bojownikami demokracji. Nigdy nie chciałem być niewolnikiem. Zawsze szukałem swobody, byłem jej dzieckiem. I właśnie dla niej, dla tej swobody szukałem mocy. A mocy bez siły nakazu i przymusu nie ma. I w tym wiecznym problemie, w tej sprzeczności demokracji i wojska, byłem długo chowany. I tej sprzeczności nakazu i swobody, wojska i demokracji dotąd nie rozwiązałem.

Czyli, jeśli dobrze rozumiem, jest pan za demokracją, a nawet przeciw?

Symbolika duszy ludzkiej – jakaż ona jest głęboka! Jak wiele jest prawdy w cynicznym określeniu pana wojny, wielkiego

Napoleona: dajcie mi guzik – a zmuszę ludzi żyć i umierać za
ten guzik!

Dziś to już chyba nie przejdzie.

Czy demokracja symbolu nie znajdzie? Czy ma tylko kami-
zelki i krawaty rozchełstane i nieokiełznaną swobodę szargania
wielkiej powagi? Radzę się namyślić, dzieci swobody!

**Gdy przed chwilą mówił pan o Napoleonie, wydawało mi
się, że aż się pan uniósł na palcach.**

Przecież siedzimy.

**Pan się chyba za bardzo z nim utożsamia. Wódz, wojna, roz-
kazy. Posłuszeństwo, wymagania, posłuch. Mus i guziki.
Upaja się pan nimi. Pan nadal, tyle lat po wojnie, czuje się
naczelnym wodzem.**

Zjawisko, znane pod nazwą naczelnego wodza, jest zawsze
ściśle związane ze zjawiskiem wojny. Bez wojny naczelny wódz
nie istnieje, a wojna bez naczelnego wodza się nie obchodzi. Są
to zjawiska historyczne, sprawdzone u najdzikszych plemion.
Mus naczelnego wodza jest dowodzić, a dowodzić znaczy roz-
kazywać.

Tylko na wojnie!

Dowodzenie na wojnie jest czymś zupełnie innym niż jakiekolwiek dowodzenie wymagające posłuchu. Istnieje bowiem
jeszcze jedno zjawisko – jest to rozkaz, noszący w sobie zaro-
dek śmierci. Zjawisko śmierci jest powszechne dla ludzi, gdyż
ludzie są śmiertelni. Tymczasem żaden rozkaz nie sięga tak
głęboko w istotę duszy ludzkiej, jak ten związany z wojną, gdyż

żąda on śmierci. Stwierdzam, że tylko ten dobrym jest wodzem, który po życie ludzkie sięgając, sięga do głębi duszy, samemu duszę oddając.

I, jeśli dobrze rozumiem, pan tę umiejętność sięgania do duszy posiadł?

Odpowiem tak. Naczelny wódz jest człowiekiem, który nerwy swoje otwarte nosić musi i każde oko, każda ciekawość, każde pytanie i każde zjawisko wojny o jego nerwy zaczepia. Na tych jego nerwach czy wróg, czy przyjaciel każdą nutę wygrywa, jak na swojej własnej lutni.

Sugeruje mi pan teraz, aby nie grać na pana nerwach, bo to niebezpieczne?

Naczelny wódz jest publiczną własnością. Dlatego też nie ma człowieka narażonego bardziej na zepsucie nerwów niż naczelny wódz. Jeżeli ludziom ciężko zdobywać się na decyzję i na postanowienia, związane nawet z ich prywatnym losem, to jakąż dopiero męką są decyzje o losie tysięcy ludzi, które naczelny wódz podejmuje. Dlatego też sam von der Goltz, zastanawiając się nad kwestią, jakim musi być naczelny wódz, w sposób dość oryginalny stwierdził, że istnieje tylko jedna cecha, która robi dobrego naczelnego wodza.

Jaka?

Dobry wódz musi umieć imponować ludziom, musi ich porywać. Gdy tego nie umie, nie potrafi być dobrym wodzem.

Z tego, co pan mówi, wynika, że panu jako wodzowi wolno więcej. Piłsudski *primus inter pares*, dożywotnio. I naród

musi się z tym pogodzić. To podręcznikowa definicja dyktatora. A tak przy okazji: kto jest pana ulubionym polskim wodzem? Kościuszko? Poniatowski? Szela?

Wszyscy ci nasi porozbiorowi wodzowie to była... słabizna! ...Co oni tam mieli za bajeczne sposobności w tych wszystkich kampaniach napoleońskich! Stawiani na straży różnych nowych republik, czegoż to nie mogli byli dokazać dla polskiej sprawy, gdyby nie ta głupia, ślepa uległość wobec Napoleona! Oni się go ciągle pytali o rozkazy, wierzyli w jego łaskę, czekali nagrody za wierność, zamiast postawić go wobec faktów dokonanych, stać się sprzymierzeńcem mocnym, samodzielnym.

Odchodzimy od tematu. Jak to się ma do życia w demokracji?

Chodzi mi o to, że z naczelnym wodzem w Polsce Polska ma się inaczej obchodzić, niż to dotąd było zwyczajem.

Czyli nie drażnić lwa!

Mówiłem: „Każdy naczelny wódz nerwy swoje otwarte nosić musi, musi pozwolić bębnić na nich każdemu głupiemu czy rozumnemu, gdyż jest ogniskiem pracy wojennej". Musiałem i ja znosić ten los w tak ciężkich i tak nikczemnych warunkach, jakich historia wojen nie zna. Nie mówię o nikczemności zdrad najwyraźniejszych na świecie, gdy za pieniądze obce ze mną walczono. Nie mówię o steku oszczerstw, publicznie rzucanych, sięgających mojej rodziny, moich najbardziej osobistych spraw. Nie mówię o łajdactwach w prasie, gdy przeciw moim przyjaciołom walczono tak zajadle, jak gdyby byli wrogami państwa. Nie mówię o stekach...

Ależ właśnie pan teraz mówi!

...nikczemnych pisemek, rzucanych śmiało do wojska na froncie. Mówię o trudach pracy w dowodzeniu... Musiałem w większości wypadków bronić swojej głowy. Zawsze mówię, że raz po raz dusza moja musiała rozpryskiwać się na drobne kawałki i potem dla najcięższych decyzji w jedno się zbierać dla odniesienia zwycięstwa.

Mam wrażenie, że postrzega pan siebie jako ofiarę. Zważywszy na to, że jest pan dożywotnim dyktatorem, to chyba mało przekonujące.

Praktyka polska jest jedną z najnikczemniejszych, jakie znam, w stosunku do naczelnego wodza.

Doprawdy?

Mam zatem prawo ostrzegać Polskę, że żartować z kotwicą bezpieczeństwa, którą jest naczelny wódz, wydaje się niebezpiecznym igraniem z ogniem.

O! I to rozumiem. Czyli że naczelny wódz w stanie uśpienia, w okresie pokoju, powinien mieć zagwarantowane jakieś godne miejsce. Co jeszcze jest ważne w demokracji a'la polacca?

Wszędzie symbolem demokracji od jej początków jest to, co jest prawem. Usiłuje ona dać surogat siły, dając jako symbol – prawo wiszące nad ludem. Prawo usuwa kaprys indywidualny. To prawo gronostaje królewskie ubiera. Koronę złotą na głowę mu kładą. I dziś błędem jest demokracji, że sędziów tylko w skromne czarne togi ubiera.

Słusznie. Prawo powinno stać nad demokracją. Tak to działa w zdrowym państwie.

Ale pytań jest więcej. Czy zimny blask prawa grzeje i pociesza? Czy nakaz i mus za sobą prowadzi? Czy nie ma w nim zbyt daleko sięgających wyjątków? Czy demokracja sama sobie nie przeczy, gdy mówi: naszym królem jest prawo, i zarazem grzechy królików w grzechy prawa przeinacza? Szukajmy jeszcze dalej. Czy są inne jakieś symbole, które w historii, jak cement, używane były, jak spoidło, dla budowy demokracji?

?

Gdy władza królewska się chwieje, gdy nadchodzi nowa epoka, zamiast symbolów, które z nieba brały swój początek, zostaje surogat cnoty: honor. Honor – to bóg wojska. Strzeżcie się, demokraci, go naruszać! Honor jest potęgą. Prawo i honor, honor i prawo.

Swoją drogą, to dobra nazwa dla partii politycznej: Prawo i Honor.

Gdy życie biorę i barwę zieloną życia, kolor nadziei ludzkiej, rozpatruję, gdy tych rzeczy szukam, prócz prawa i honoru, nic nie znajduję. Prawo i honor, honor i prawo – cement to może wystarczający. Trzeba im dać żyć.

Na koniec tej części rozmowy znowu chciałbym wrócić do sejmu. W 1929 roku pana pogarda dla sejmu sięgnęła zenitu.

Główną myślą i głównym staraniem tych panów…

…posłów. Wybranych przez „suwerena". Niestety.

…jest zawsze utrzymanie zupełnej bezkarności za wszystkie

czynności, chociażby nawet jak najbardziej nie przyzwoite i najbardziej sprzeczne z najelementarniejszem poczuciem honoru. Polska przecie chowała swych posłów w pierwszym sejmie tak zwanych „suwerenów" w bezkarności zdrady państwa podczas wojny, bezkarności polityki szpiegostwa w stosunku do armii, będącej w polu i umierającej za Ojczyznę. W drugim zaś sejmie, w którym prawie połowa posłów pochodziła z owej kuźni zdrady państwa, posłowie wychowali się w korupcji. Głos posła kosztował niekiedy nie więcej niż pięćdziesiąt złotych.

Skąd zna pan ten cennik? To chyba nie demokracja jest winna zepsuciu niektórych posłów. Poza tym, jak rozumiem, mówi pan o samych początkach państwa.

Obcowanie z takimi ludźmi, jest tak trudnym, jak z dziećmi z zakładów poprawczych. W sposobie ich zachowania zawsze jest coś bezczelnego i ściemniałego pod względem umysłu. Wśród nich nawet idiota jest bezkarny, a nieszczęsna Polska i to szanować musi, że każdy cokolwiek rozumny człowiek z trudem wytrzymuje to towarzystwo. Musi milczeć, gdy go obrażają, i lizać ich zafajdane ubranie.

Przynajmniej szczerze.

Życie ministrów z panami chorymi na fajdanitis poslinis...

Coraz lepiej. Na co???

Na fajdanitis poslinis... stać się musi jakąś katorgą nie do zniesienia. To też nigdy nie zapomnę określenia jednego z najinteligentniejszych naszych ministrów, że po rozmowie z panami posłami miał wrażenie, że wyszedł z menażerii, napełnionej

złośliwymi małpami, załatwiającymi wszystkie swoje potrzeby publicznie. I doprawdy, nigdy nie rozumiem, jak w takim
fajdanitis poslinis szukać jakiego prestiżu sejmu.

**Może porozmawiajmy konkretnie. Który z panów posłów
tak pana wyprowadził z równowagi, że nie wahał się pan
wtargnąć do sejmu na czele uzbrojonych oficerów?**

Ja nie chcę urażać honoru p. Czechowicza, lecz doprawdy
po co honor w brudnych miejscach umieszczać!! Różne pery-
petie, które się zaczęły dziać z p. Czechowiczem w ludożerskim
towarzystwie, niezmiernie mnie bawiły.

**Wyjaśnijmy: minister skarbu w pana rządzie, Gabriel Cze-
chowicz, w 1929 roku został postawiony przez opozycję
przed Trybunałem Stanu za „niezgodne z prawem wydatko-
wanie kwoty 500 milionów złotych". Opozycja wiedziała, że
minister przekazał także do pana wyłącznej dyspozycji kilka
milionów, które poszły na tworzenie pana nowego ugrupo-
wania politycznego BBWR, co było oczywistym złamaniem
prawa. Przed trybunałem powinien tak naprawdę stanąć
pan, ale nikt się na to nie poważył.**

Po pierwsze wyskoczył tam nagle jakiś Liebermann, jako
główny tenor w tej smrodliwej operetce.

**Tenorem nazywa pan Hermana Liebermana, jednego z naj-
bardziej zasłużonych polityków PPS. To był niezwykle tak-
towny i kompetentny poseł. Jego jedyną winą było to, że
przyjął powierzoną mu przez Sejm funkcję oskarżyciela
przed Trybunałem ministra Czechowicza i po prostu domagał się przestrzegania prawa.**

Ciągle stawiał jakieś tezy, jak gdyby był Lutrem. I chciał te tezy przybijać do wrót kościelnych. Co chwila nowe. Na próżno starałem się zrozumieć ich cel i treść. Gdym wieczorami niekiedy sobie przypominał tę śmieszną komedię, to zawsze widziałem Liebermanna jako fakira. Bo on twierdził, że jak się zakręci, to nóg nie będzie widać wcale, a tylko kręcący się w młynek tułów. I rzeczywiście Liebermann powoli tracił nogi, nie opierając się zupełnie na ziemi. Widziałem tylko połę fraka adwokackiego, unoszącą się nad jego brzuchem i odwrotną częścią ciała. A także jakieś kulki, które mu z gęby i z innych części ciała wylatywały. To był komiczny dyszkant opery sejmowej.

Darujmy sobie tę choreografię. W swojej płomiennej mowie Lieberman zaapelował do sędziów Trybunału o wyrok skazujący za łamanie prawa. Wzywał, aby dowieść światu i krajowi, że jesteśmy społeczeństwem wolnych obywateli: „Polska znajduje się na rozstajnych drogach: wschód czy zachód, samowola jednostki czy wola ogółu, panowanie prawa czy kaprysów i zachcianek ludzi wielkich i silnych". I to pana zabolało najbardziej. Osobiście doprowadził pan potem do skazania go w procesie brzeskim!

Fajdanitis poslinis!

Pięknie mówił Lieberman wtedy w sejmie: „Do kogo ma społeczeństwo się zwrócić jak nie do Was, Panowie Sędziowie, z żądaniem obrony tego prawa? Do kogo ma przyjść, jak nie do was, Panowie Sędziowie, władza ustawodawcza obdarta ze swego najistotniejszego prawa? Gdzie ma znaleźć sprawiedliwość słaby, zdeptany przez siłę, jak nie

w sądzie bezstronnym, odważnym i sądzącym według sumienia i prawa?".

Wystarczy. Ciężkim zaś, bardzo ciężkim tenorem był także
niejaki p. Woźnicki.

**Jan Woźnicki, kiedyś legionista, uzasadnił wniosek o po-
ciągnięcie pana ministra Czechowicza przed Trybunał.**

Rzeczywiście znałem go kiedyś jako swego sympatyka. Ale
już wtedy był ciężki na umyśle.

**Które zdanie z jego przemówienia tak panem zatrzęsło? To,
w którym domagał się, by obywatele mieli kontrolę nad pieniędzmi, które dają państwu ze swoich podatków? Czy jakieś inne?**

Do niego w całej rozciągłości zastosować można to, co mówiłem o chorobie fajdanitis poslinis. Rozmawiałem z nim nie raz,
i nie dwa. I wie pan co? Kończyłem ją propozycją, aby może ze-
chciał o swych wysokich myślach pomówić z moją córką Wan-
dą, wówczas jeszcze dwuletnią, zamiast rozmawiać ze mną.

**Jego przemówienie w sprawie niegospodarności ministra
Czechowicza to jedna z najbardziej błyskotliwych mów par-
lamentarnych w dziejach Sejmu II RP.**

To ludożerca polujący na tłuszcz p. Czechowicza. Mocno
już stężał w swym umyśle.

**Potwierdza się stara zasada, że najbardziej nienawidzi się
tych, którzy odeszli z własnym zdaniem.**

Naturalnie zdarzają się takie wypadki, że wielki Stwórca za-
pomni komuś zawiesić w głowie latarnię. Cóż na to poradzisz?

Czyż można Panu Bogu zaglądać w jego kuchnię ludzką? A może wielki Stwórca w swoim miłosierdziu nad naszą wielką skołataną Ojczyzną chciał z tego durnego hebesa stworzyć ilustrację nie tylko nikczemną, ale i idiotyczną.

Obawiam się, panie Naczelniku, że wyszliśmy już z sejmu i jesteśmy w kabarecie. Dobrze panu idzie, ale…

Powiem panu tyle, że lepiej z rozumnym przegrać, niż z durnym wygrać. Przysłowie jest słuszne. Dlatego fajdantis poslinis, gdy jeszcze jest piekielnie głupim jest najbardziej wstrętnym i obrzydliwym. Może kiedyś powstanie przysłowie: „Głupi jak Woźnicki". Ale dlaczego teraz każdy minister ma słuchać z powagą głupstw tego pana? Dlaczego ma słuchać jego paskudnych oskarżeń i jeszcze ma zafajdaną i zapoconą od wysiłku myślowego zawodowego idioty bieliznę lizać.

Zapisuję to. Musi pan to kiedyś sobie na spokojnie przeczytać.

Dokończę. Słuchając dyszkantu Liebermana i tenora Woźnickiego myślałem, że zakończeniem tej fajdanistycznej opery musi być odrzucenie budżetu. Tymczasem w tej zafajdanej atmosferze ta logika nie obowiązywała. Odbył się sejmowy zamach na Czechowicza. Ten może trochę tłuszczu stracił, lecz worka swego nie puścił i zakończył się triumfalny marsz fajdanów poselskich.

Przypomnę tylko, że minister Czechowicz nie został skazany i był to ewidentnie efekt sterroryzowania marszałka Daszyńskiego. W zasadzie nikt za złamanie prawa nie odpowiedział, a nowy sejm całą sprawę zamiótł pod dywan.

Stało się dokładnie tak, jak pan chciał. A niepokorni posłowie trafili potem do twierdzy brzeskiej. Sześćdziesięcioletni Lieberman został brutalnie pobity, jeszcze mu nawrzucano od paskudnych Żydów. Tak oto rozprawił się pan z opozycją.

Tak? A co pan powie na to, że na ostatnie posiedzenie budżetowe Sejmu, jakby dla upiększenia chorych na fajdanitis poslinis ludzi, ściągnięto do Sejmu jakieś bojówki partyjne.

I kto to mówi?!

Żałuję mocno, że byłem tak chory, że nie mogłem być czynny w tym dniu. Nie mógłbym po prostu wytrzymać bez ataku na te bojówki, złożone z bandytów. Pewnie bym ich posiekł publicznie na podwórzu sejmowym. Cóż to za nowe magnaty polskie, zbierające swe wojska, by Polska nierządem stała. Cóż za prawa przyswaja sobie fajdanitis poslinis, aby bandyckie spory czynić w pracach państwowych. Ośmiesza i znieważa wszystko: i sejm, i rząd, i nieużywane dotychczas słowo Trybunał Stanu. Wszystko to było wymalowane na kolor fajdanitisów.

Panie Marszałku, basta! Zostawmy to. Kryzys polityczny z lat 1929–1930 ostatecznie ujawnił, że demokracja to nie pana żywioł. Że aby pana było na wierzchu, nie cofnie się pan przed niczym.

Niech Polacy, którzy tak łatwo i pokornie dawali się „prać po pysku" każdemu stupajce rosyjskiemu i byli szczęśliwi, gdy mogli mu się przypodobać, przekonają się, że w razie czego może „prać po pysku" i polska władza.

Tu zakończmy ten wątek. Chciałbym teraz mocno cofnąć się w czasie. Czy pamięta pan spotkanie z pewną Cyganką w okolicach Tunki, jeszcze podczas pana zesłania na Syberię?

No, jakże.

Poprosił ją pan o wywróżenie przyszłości. Ujęła pana dłoń i krzyknęła. Pamięta pan co?

Cariom budiesz!

Właśnie. A potem przerażona uciekła.

Źródła:

Artykuł o motywach uchylenia się od misji tworzenia rządu z 18 marca 1930 r., *Pisma zbiorowe*, t. 9, s. 209–210.

Demokracja a wojsko, odczyt wygłoszony w Klubie Społeczno-Politycznym w Warszawie 29 czerwca 1924 r., *Pisma zbiorowe*, t. 8, s. 9–15.

Dno oka, czyli wrażenia człowieka chorego z sesji budżetowej w Sejmie, „Nowy Dziennik", 96/1929 (2 kwietnia 1929 r.), s. 2.

http://www.jpilsudski.org/przemówienia-odezwy-rozkazy/1267-przemowienie-marszalka-jozefa-pilsudskiego-do-przedstawicieli-stronnictw-sejmowych-29-maja-1926-r (dostęp: sierpień 2018)

Naczelny wódz w teorii i praktyce, odczyt wygłoszony w Warszawie 21 marca 1926 r., *Pisma zbiorowe*, t. 8, s. 301–310.

Władysław Pobóg-Malinowski, *Skoro nie szablą, to piórem*, „Kultura", nr 5 (151), Paryż 1960, s. 124–131.

Rozmowa z marszałkiem Daszyńskim z 31 października 1929 r., *Pisma zbiorowe*, t. 8.

Wywiad z korespondentem „Le Matin" z 25 maja 1926 r., *Pisma zbiorowe*, t. 8, s. 21–22.

Ludwik Szczepański, *Cuda współczesne*, Wydawnictwo „Natura i Kultura", Kraków 1937.

ROZDZIAŁ 8
POLSKA I JA

Dowcipniś. I to również w momentach bardzo trudnych, wręcz dramatycznych. Dla mnie to niepojęte, ale właśnie takiego zapamiętali pana przyjaciele.

Niby widzicie mnie i mówicie sobie – Piłsudski. A tymczasem nas jest tu całe towarzystwo, cała gromada. Więc najpierw Ziuk, czupurny, uparty chłopak... Potem panicz z Zułowa, sentymentalny, romantyczny, delikatny, przepełniony uczuciami humanitarnymi i szlachetnymi popędami. Następnie Sakya--Muni...

Budda?

Mędrzec, który poznał świat i zbadał naturę ludzką do dna, zna jej wszystkie instynkty, skłonności, słabości i popędy... wreszcie wódz.

Surowy i bezwzględny. I nagle dowcipniś. Niech będzie: frywolny uparciuch. W 1900 roku, gdy miał pan trzydzieści trzy lata i razem z żoną mieszkał w Łodzi, pewnej nocy obudzili pana żandarmi. Pamięta pan to dramatyczne wydarzenie?

Weszli przez kuchnię, nie dzwoniąc, tak że gdy się obudziłem, koło łóżka stał żandarm i rewirowy. Najgorsze, że o zniszczeniu czegokolwiek nie mogło być mowy. Rewizja trwała do godz. 12 nazajutrz. Przeciągałem sam trochę tę procedurę, chcąc z szykiem w biały dzień jechać do turmy.

No właśnie do tego piję. W momencie aresztowania myślał pan o szyku! Trza być w butach na weselu!

Zdołałem tylko szepnąć żonie, żeby się do nazwiska przez pewien czas nie przyznawała. Pierwszą wizytę miałem dwa dni po areszcie. Nie wiem, co w tym pan widzi dowcipnego?

Zaczął się pan wygłupiać. To widzę.

Spytali o nazwisko, odpowiedziałem: Dąbrowski. A skąd rodem? Z Litwy. Nazajutrz wezwali mnie do kancelarii, zastałem tam oficera – podpułkownika – w uniformie sztabu jeneralskiego. Kowalewski, naczelnik tak zwanej ochrony warszawskiej. Twarz mu latała nerwowo, widocznie biedak nie mógł sobie dać rady z myślą, że nie on złapał mnie i drukarnię.

Bo wpadł pan wtedy jako redaktor naczelny „Robotnika", legendarnego dziś pisma PPS-u. Więc taki znowu frajer to on nie był. Przecież na redakcję polowanie trwało już od dawna. Także satysfakcja Rosjan była wielka. Pani Jadwiga niestety szybko przyznała się, kim jesteście.

Na dowód tego Kowalewski podał mi kartkę od niej. Rzeczywiście. Ale dla sprawdzenia poprosiłem go, aby mnie nazwał moim rodowym. No i przestałem być Dąbrowskim. Rozmowa była ciekawa, on mówił po rusku, ja po polsku.

Przekomarzał się pan, choć do śmiechu nie było.

Zapytał, czy mogę mu opisać *naružnosť* Wiktora i Kazimira?

Kazimierz to Rożnowski, a „Wiktor" – to był pana pseudonim. Jeszcze tego nie wiedział?

Nie i dlatego wydało mi się to śmieszne. Powiedziałem, że mój opis na nic się nie zda. Wątpię, by poznał ich po opisie. Powiedziałem: „Jeden był wyższy, a drugi taki... nieco wyższy".

Jeden wyższy i drugi wyższy?

Że jeden włosy miał nieco ciemniejsze, a drugi jaśniejsze. Jeden i drugi nosili bródki.

Banialuki, tylko z tą bródkę à la Lenin to prawda. Na zdjęciu zrobionym wtedy w areszcie dokładnie taką pan ma.

„*A kak oni odiewalis?*" – zapytał. Brnąłem, że tak jak wszyscy, przyzwoicie. Brnąłem. Żądał szczegółów. Powiedziałem mu, że niestety, w niczym dopomóc więcej nie mogę. Dociekał, czy mieli jakieś znaki szczególne. „Nie" – powiedziałem. „*Na primier, dlinnyje wołosy*" – pytał dalej.

Pan miał akurat ścięte na jeża.

Zapytał także, czy jeden z nich nie miał litewskiego akcentu. „Ja nie znam się, proszę pana, na takich rzeczach" – powiedziałem.

No nie! Za takie żarty można nieźle oberwać. Ten Kowalski miał anielską cierpliwość. Pytał dalej. Między innymi, gdzie Wiktor pracował. Co mu pan odpowiedział?

Że w przyzwoitym towarzystwie nigdy się nie pyta ludzi o takie rzeczy. Wygarnąłem mu, że należę do ludzi dobrze wychowanych i nigdy niedyskretnych pytań nikomu nie zadaję.

I wtedy on się przyznał, że już od jakiegoś czasu śledził Wiktora. Że go znał. Blagier.

Zapytał, dlaczego w kwietniu nie wyszedł numer „Robotnika". W istocie miał wyjść numer, lecz nie dostarczono mi rękopisów na czas. Powiedziałem, że nie mam pojęcia. I tu już z wyraźną satysfakcją wypalił, że dlatego nie było gazety, bo Wiktor już dawno u niego siedział w ciupie. Zaśmiał się.

Dla swojej satysfakcji mógł mu pan wtedy wypalić, że Wiktor to pan.

Miałem inną strategię. Powiedziałem, że wyszedł wówczas „Kurierek", inna gazeta. Przyznał, że to wie, no to ja mu na to, że pewnie też wie, że numer 36 „Robotnika" w chwili mojego aresztowania, był już właściwie na ukończeniu. *„Da ja słyszał, no nie widział jewo* – odparł skwapliwie. I tu zasyczał: – *A skażitie, kak wy objasnitie mnie, czto wasz poslednij nomier nosił datu 31 dekabria, a ja jewo imieł w rukach 30-go".*

O, tu pana zaskoczył. To była prawda?

Odparłem, że to raczej niemożliwe. „O ile wiem, nikt mi nie wykradał egzemplarzy" – powiedziałem mu. Upierał się, że mówi prawdę. Ja też. „Chyba, że pańscy agenci drukowali «Robotnika» na swoją rękę, a jakimś cudem zupełnie niewytłumaczalnym treść ich «Robotnika» była jednakowa z moim" – zadrwiłem.

I wtedy dopiero panu przylał?

Nie. Powiedział tylko: *„Wy szutitie".* Że kłamię. Na tym rozmowa się skończyła. Badań – że tak powiem – nie było. Sama przyjemna rozmowa.

My też sobie teraz tak beztrosko o tej wpadce rozmawiamy, tymczasem to był początek kolejnej długiej odsiadki, zakończonej ucieczką ze szpitala w Petersburgu. To niesamowite, że zachował pan pogodę ducha jeszcze przez wiele lat, nawet w chwilach zagrożenia życia. Nawet na wojnie potrafił się pan wygłupiać. Pamięta pan wywoływanie duchów w grudniu 1915 roku?

No, jakże!

Wieniawa wspominał, że podczas walk z Moskalami zaproponował pan, aby wywołać ducha jakiegoś Rosjanina. Żeby wiedzieć, jak się walki potoczą.

Zdecydowałem, że Wieniawa i Dobrodziki będą trzymali talerzyk. Bo nie znali rosyjskiego. W ten sposób nikt nie kończył zaczętych słów. Oraz zdań. Poza tym mieli nie patrzeć na alfabet.

Czyli wszystko na serio? A kto miał śledzić litery pokazywane przez ducha?

Sosnkowski. Miał notować literę za literą, w milczeniu, nie zdradzając ich sensu ni znaczenia. Pozostali panowie ograniczyli się do roli milczących świadków… Pytania miałem zadawać ja sam. Po rosyjsku, jeśli się raczy jakowyś rosyjski personat pokazać.

No i się pokazał.

„*Wot priszołby k'nam* – zacząłem – *kakoj niebut ruskij gienierał. Pogoworiliby my s nim po duszam*”.

Talerzyk się ruszył, Sosnkowski zapisał literki odpowiedzi i co się okazało?

Że to generał Liniewicz.

Nikołaj Pietrowicz Liniewicz. Dowódca 1. Mandżurskiej Armii. Bohater wojny japońsko-rosyjskiej.

Talerzyk się poruszył, potem znów pauza, i odczytaliśmy odpowiedź: *„Da, eto ja Liniewicz* – powiedział generał. Ale dodał: – *No, ja z toboj rozgoworiwat nie budu*".

Dlaczego?

„Potomu, czto ty odstupnik. Ty ruskoj poddanyj, a s Germańcami bijosz sia protiw ruskich".

Odważny ten Sosnkowski, tak panu wygarnąć!

Odpowiedziałem mu, że to on jest odstupnikiem. Jest Polakiem, a służy ruskiemu caru! Talerzyk zakręcił się kilka razy i przystanął, bez żadnej odpowiedzi.

Pocałuj mnie w dupę!

A, nie. To było z Ossowieckim.

Anegdota jest tak pyszna, że historycy cytują ją w każdej pana biografii. To był seans z wielkim jasnowidzem i ezoterykiem Stefanem Ossowieckim. Bezbłędnie odgadł to, co pan napisał na kartce, którą schował w kopercie. Wspominam o tym, bo to kolejny dowód na to, że potrafił się pan zabawić. I że bywał beztroski i swawolny. Dla mnie niesamowite jest to, że ma pan też drugą naturę. Maj 1926 roku… Już o tym mówiliśmy: brutalny zamach na demokrację.

Nie będę się wdawał w dyskusję nad wypadkami majowymi.

Dlaczego? W tej książce nie powinno zabraknąć i tego.

Zdecydowałem się na zamach w zgodzie z własnym sumieniem. Nie widzę teraz potrzeby z tego się tłumaczyć. Głównymi powodami stanu rzeczy w Polsce były wtedy: nędza, słabizna wewnętrzna i zewnętrzna. Mówiłem już. Były bezkarne złodziejstwa. Ponad wszystkim w Polsce zapanował interes jednostki i partii, zapanowała bezkarność za wszelkie nadużycia i zbrodnie.

Chciałem tylko powiedzieć, że ma pan dwie natury. Uroczego dziadka, ojca narodu, tulącego dzieci i sarny do serca, i...

Panicz Zułowa skończył już swą rolę. W maju 1926 roku zamknąłem go na klucz. Już do samej śmierci będzie tak siedział. Panicz z Zułowa żyje jako wspomnienie i nic już nie ma do powiedzenia... czasy jego na zawsze się skończyły. Dziwię się tylko, jak mogły trwać tak długo.

Ale co takiego się stało, że zamknął go pan w klatce wspomnień?

Mówiłem: w odrodzonym państwie nie nastąpiło odrodzenie duszy narodu. Naród się nie odrodził. Szuje i łajdaki rozpanoszyły się. Naród odrodził się w jednej tylko dziedzinie, w dziedzinie walki orężnej, tzn. pod względem odwagi osobistej i ofiarności w czasie walki. We wszystkich innych dziedzinach odrodzenia nie znalazłem. Ustawiczne waśnie personalne i partyjne, jakieś dziwne rozpanoszenie się brudu i jakiejś bezczelnej, łajdackiej przewagi sprzedajnego nieraz elementu.

Właśnie o to mi chodzi. W jednej minucie mister Hyde i doctor Jeckyll. Skąd w panu takie skrajne emocje?

Rozwielmożniło się w Polsce znikczemnienie ludzi. Swobody demokratyczne zostały nadużyte tak, że można było znienawidzić całą demokrację. Interes partyjny przeważał ponad wszystko. Partie w Polsce rozmnożyły się tak licznie, iż stały się niezrozumiałe dla ogółu. Mnie obrzydzano życie ciągłą nagonką, oszczerstwami i najwstrętniejszymi potwarzami. Nie upadłem tylko dlatego, że jestem silniejszy od was wszystkich. Drugiego reprezentanta narodu wprost zamordowano. Moralni sprawcy tego mordu uszli bezkarnie. Czy można jeszcze w Polsce rządzić bez bata? Nie może w Polsce rządzić człowiek pod terrorem szuj i temu się przeciwstawiam. Wydałem wojnę szujom, łajdakom, mordercom i złodziejom.

I agentom. W sierpniu 1927 roku oznajmił pan publicznie, że największe zagrożenie dla Polski to „agenci". Jacy, do cholery, agenci?!

Z natury rzeczy ja, jako były Naczelny Wódz, wiem, co znaczy agentura i znam jej mechanizm pracy. Nie dziwię się więc wcale, że do nas agentury się przyczepiły i że, obserwując nas, szły krok w krok za nami.

Jakie agentury?

Agentury obcych państw, agentury płatne, bo innej agentury świat nie posiada.

Ale to było, jeśli było, w okresie pierwszej wojny! Stare dzieje.

Mieliśmy, naturalnie, agenturę obcą jednego z państw zaborczych. A wobec tego, że praca nasza była wbrew jego interesom, bo chciał, aby przelewano krew tylko za nie, a nie za co innego, agentura musiała stanąć w sprzeczności z naszymi dążeniami. Wobec tego, że było nas mało, praca tej agentury była znacznie ułatwiona…

Zgoda. Ale – powtórzę – to było dawno temu.

W parze z tą agenturą austriacką szła agentura inna, agentura rosyjska, to jest tego państwa, z którym Austria i myśmy walczyli. Szła akurat w tym samym kierunku, także płatna, także czyniąca to, co obcy, zaborca od niej wymagał, pracująca nad obniżeniem naszej pracy, brukająca nas słowami.

To jest pisanie historii na nowo. Zamiast zachwycać się budową II Rzeczpospolitej, pan widzi ten okres jako działanie policji „tajnej, widnej i dwupłciowej". Ale dobrze, skoro się pan upiera, proszę ją pokrótce opowiedzieć.

Jeżeli wezmę okres dowodzenia wami, okres, gdy byłem waszym reprezentantem, tak, jak mi on wygląda w moich przeżyciach, to śmiało i spokojnie stwierdzam, że bok w bok szła z nami zawsze jedna i druga agentura. Ona zawsze służyła obcym, służyła zaborcom, którzy starali się obniżyć naszą wartość, zmienić nasze chęci, narzucić myśli inne, dla nich pożądane…

Swoje sensacje o „agenturze" ujawnił pan w 1927 roku. Trudno oprzeć się wrażeniu, że wtedy chciał pan tylko odwrócić uwagę od czegoś poważniejszego.

Proszę pana, agentury obce, to jest zjawisko stałe i codzienne, towarzyszące nam rok za rokiem, dzień za dniem, jest to część naszego życia tak wielka i tak starannie w stosunku do nas ułożona, iż nasza praca – że tak powiem – jest współbieżna z pracą agentur obcych.

Dziś? Teraz? Tu i teraz?!

Po kolei. Gdy sobie przypomnę te lata, które przewojowaliśmy: koniec 1914 roku, rok 1915 i rok 1916, na który przypadają nasze ostatnie wielkie boje na Wołyniu, to znajduję bardzo powoli narastającą dla nas sympatię. Bardzo powoli poczęto otaczać nas nimbem bohaterstwa, niby nimbem szaleństwa, niby nimbem piękności jakiejś, nad którą łzy ronić trzeba. Przez 24 miesiące szliśmy mając dokoła siebie agentury obce, starające się nas nieco obniżyć i zbrukać, starające się uczynić nas mniej pięknymi dla otoczenia, starające się zbrzydzić nas, ażebyśmy wzorem dla innych nie byli.

Jeśli na serio mamy rozmawiać o „agentach" dookoła, to nie zapominajmy, że dla narodowców to pan był agentem Austrii. Zygmunt Balicki napisał w 1913 roku w „Przeglądzie Narodowym", że zwerbował pana niejaki pułkownik Alfred Redl, który potem został zdemaskowany jako szpieg rosyjski. Teraz pan oskarża innych.

Powiem tak: z jednej strony obce i płatne agentury a z drugiej strony bardzo niejasne i bardzo nieliczne objawy współczucia dla naszej pracy. Gdy tylko polski wiatr zawiał, agentury wszystkich trzech stron poczuły – że tak powiem – żer. Poczuły możność chwycenia atutów polskich w swoje ręce tak, by każdy, kto im płacił, był z nich zadowolony…

Nie odpowiedział pan na…

Gdy tylko, powiadam, ważka polska zaczęła przechodzić z rąk do rąk, z papieru na papier, gdy pomiędzy komendami najrozmaitszych narodów kursować zaczęły papiery i projekty, związane z polską ważką, z polską wartością, gdy w tych papierach zaczęto mówić o możliwości zrobienia czegoś z Polski, od tej chwili zaczęliśmy spotykać już nie obserwację agentur, ale otwartą walkę z nami. Twierdzę, że druty kolczaste nie przeszkadzały wcale połączeniu agentur państw z sobą walczących. Mimo, że te mocarstwa walczyły między sobą, ich agentury były na tym odcinku zupełnie zgodne w pracy. Pragnęły one nas pokonać…

O tym mówię. Skoro pragnęły was pokonać, pan również imał się różnych sposobów. To nie jest oskarżenie!

Do naszej palmy pierwszeństwa dołączyła się palma męczeństwa, gdyż nie ma wątpliwości, że nasza harda prawda, którąśmy przeciwstawili prawdzie agenturalnej, dała w rezultacie absolutne zwycięstwo agenturze. Zostaliśmy w tym starciu z agenturami pobici.

Ma pan na myśli koniec Legionów, pana aresztowanie, obozy internowania dla oficerów?

Świat agentury odniósł zwycięstwo i to wtedy, gdy wyzyskanie sytuacji dla Polski stało się możliwe. I pod tym względem, powtarzam, nie ma różnicy pomiędzy światem agentur po tej stronie drutu czy po tamtej. Świat agentury szedł tą samą drogą, gdyż interesy zaborców w stosunku do Polski były jedne i te same: żeby każdy pomysł na Polskę był najmniej poważny i znaczący.

Ale w końcu przyszedł rok 1918 i jednak państwo polskie się odrodziło. Agentura poniosła klęskę!

Gdy w roku 1918 po przyjeździe z Magdeburga stanąłem do pracy państwowej polskiej, miałem wgląd w sprawy świata nieco

głębszy i mogę zapewnić, że agentury państwowe, które się
o polską skórę targowały miały głębsze znaczenie, silniejsze
i pewniejsze niż wszystko, co agenturą nie było. Gdy przyszły historyk dostęp mieć będzie do tajnych archiwów poszczególnych
państw – bo i te czasy zawsze nadchodzą – wtedy zostaną ujaw-
nione *dossiers*, bo to tak technicznie się nazywa, każdego
z płatnych agentów. Agentów określonych według ich ceny, według tego, ile kosztowali.

O, Jezu! Lustracja?

W 1918 roku – zgodnie z piosenką legionową – „ni z tego,
ni z owego była Polska na pierwszego". Żywo pamiętam ten
czas. Od tego czasu liczę swoje przeżycia największe i najcięższe. Od tego bowiem czasu zacząłem pracować na Państwo
Polskie, stojąc na jego czele. Widziałem starania ustawiczne
i stale idące bez ustanku w jednym i tym samym kierunku, aby
agentury obce, płatne, były możliwie na górze państwa. Szły
one krok w krok obok mnie jako Naczelnika Państwa, szukając
wytworzenia kilku rządów w Polsce – obok rządów, stojących
przy mnie – rządów agentur stojących poza mną.

**To jakaś obsesja! Te różne rządy powstawały wtedy raczej
z powodów patriotycznych różnych środowisk, aniżeli ich
woli psucia czegokolwiek.**

Widziałem uśmiechy reprezentantów obcych państw, gdy
śmiało w oczy mi patrząc, mogli powiedzieć, że moje zamiary
mogą być zniszczone zupełnie nie przez kogo innego, jak przez
polskich agentów. Widziałem to i nieraz uciekałem ze swymi za-
miarami do odległego pokoju, aby sekretów państwa nie wydać
na rozszarpanie obcym. Uciekałem nieraz od moich najbliższych

pomocników, dlatego aby moje prawdy i moje zamiary nie były wydane na łup kogokolwiek bądź, byle był cudzoziemcem. Nigdy nie byłem pewien, że gdy piszę rozkaz, nie będzie on czytany prędzej w biurach wszystkich obcych państw niż przez moich podwładnych. Nie byłem nigdy pewny, czy taki lub inny mój zamiar polityczny nie będzie natychmiast skontrolowany przez agentury państw obcych z taką siłą i pewnością, że musiałbym się go wyrzec. Mówię to śmiało, gdyż jest to moja prawda.

Rozumiem, ale dlaczego „wyskoczył" pan z tym dopiero w 1927 roku?

Mogę powiedzieć, że system moich kalkulacyj zawsze rozbijał się nie o co innego, jak o tę siłę agentur, płatnych przez obcych dla szkodzenia Polsce. Aby Polska nie była zbyt silna, aby nie miała tej siły, jaką mogłaby mieć w tej czy innej chwili.

To znaczy, że „agentury" dalej prześladowały Polskę?

Zwycięstwa nad agenturami nie odnieśliśmy wcale. Agentury, jak jakieś przekleństwo idą dalej bok w bok i krok w krok. Polskę, być może, czekają i ciężkie przeżycia. Podczas kryzysów – powtarzam – strzeżcie się agentur.

I to jest, pana zdaniem, nasze największe przekleństwo?

Jednym z przekleństw naszego życia, jednym z przekleństw naszego budownictwa państwowego jest to, żeśmy się podzielili na kilka rodzajów Polaków, że mówimy jednym polskim językiem, a inaczej nawet słowa polskie rozumiemy, żeśmy wychowali wśród siebie Polaków różnych gatunków, Polaków z trudnością się porozumiewających.

Cała nadzieja w przemijaniu... Kolejne pokolenia będą już inne.
Polska na zdrowe drogi wejść będzie w stanie, dopiero gdy pokolenie niewoli wymrze. Zbyt głęboko sięgnęła trucizna w duszę polską...

Mówi pan o liderach?
Pod wielkim drzewem nie wyrastają inne drzewa – mogą rosnąc tylko krzaki. Te drzewa wyrosną może po mojej śmierci.

Źródła:
http://www.jpilsudski.org/przemówienia-odezwy-rozkazy/1267-przemowienie-marszalka-jozefa-pilsudskiego-do-przedstawicieli-stronnictw-sejmowych-29-maja-1926-r (dostęp: sierpień 2018)
Strzeżcie się agentur, przemówienie marszałka Piłsudskiego z 7 sierpnia 1927 r. na zjeździe legionistów w Kaliszu, „Zeszyty Historyczne" 1986, nr 76, s. 3–13.

ROZDZIAŁ 9
BAJKA NA DOBRANOC

Bo są czary i są dziwy, byle ktoś tam był szczęśliwy.

Obiecał pan na koniec bajkę.
Bajkę dla dzieci i dla dorosłych.

Dlaczego dopiero na koniec?
Bo bajki są na koniec dnia, do spania.

O czym będzie to bajka?
Są takie bajki… wiecznie trwałe, wydobyte z jakiejś prastarej krynicy życia, krynicy piękna, krynicy jakiejś publicznej moralności. Razu pewnego zobaczyłem gromadkę dzieci, schyloną i skurczoną nad jakimś przedmiotem. Patrzyłem zdumiony, co na brudnym podwórzu one widzieć mogły. Dojrzałem małą żabkę. Żabka w błocie utytłana, zabrudzona, skakała niezgrabnie na długich nogach i wyłupiastymi oczami łyskała na dzieci. Zapytałem dzieciaka…

Na co wy tu patrzycie?
Na to mi jeden chłopak odpowiedział, że przecież była taka jedna żabka na świecie – on sam o tym czytał – co na śmietnisku

skakała, a nagle przez czary i dziwy wyjechała ogromna, zło-
cista kareta, w sześć rumaków zaprzężona. Sześciu wielkich
hajduków pod uzdy rumaki trzyma, z karety wysiadają panie,
strojne nad wyraz! Panie pudła z karety wyjmują, i o czary!
i o dziwy! – z żabki robi się nagle cud dziewica, cud dziewczyna – o przepięknych oczkach i liczku! Tylko łachmanami
przedartymi się chroni, zziębnięte ciało gołe przez dziury
świeci. Wtedy panie, strojne nad wyraz, niosą koszulkę białą,
koszulkę cienką – jedwab najlepszy. Za koszulką idą pantalo-
niki, falbanki strojne, piękne, ładne. A gorsecik, co jej na
piersi zawiązują, taki jest barwny, taki ładny – sznurki
jedwabne…

Dziewczyna sama sobie się przypatruje i dziwi się. A suk-
nia, w którą ją przebierają w białe perełki, róże, przeszyta
złotem, srebrem świeci. Piękna dziewczyna patrzy na swoje
nóżki. A na nóżki idą pończoszki śnieżnobiałe i ciepłe. I tej
jej czerwone od chłodu nóżki w biały marmur się zamienia-
ją, by pięknie przeświecać przez śliczne pończoszki. Ale co
tam pończoszki! Kiedy wreszcie przynoszą pantofelki, nad
białość białe, nad puchy miększe, cieniutkie i jej na małe
nóżki chłodne wdziewają! Żabę brudną, na dziewczynę cud-
ną przez czary zmienioną, wsadzają do karety i jedzie ona
na białe, na wielkie pałace i sale. W pałacach i salach po-
sadzki świecą jak lustra, i w lustrze takim dziewczyna cud-
nej swej piękności się przygląda, złe dziewczęta, z zazdrości
zżółkłe, gwarzą i szepczą o niej, jako o złej i przewrotnej
dziewuszce. A panie złe i macochy złe rzeczy do ucha sobie
szepcą.

Tak mi chłopak mówił i czekał, żeby z żabki cud dziewica
wyskoczyła i karoca na śmietnisko zajechała.

No i niestety wtedy czar prysł. Kareta nie zajechała, całowanie brudnej żaby na nic...

Sam nie wiem, czy to bajki prawdziwe, ale że są czary i dziwy, kiedy ktoś jest bardzo szczęśliwy, to jest prawdą. To ja sam na własne uszy słyszałem, na własne oczy widziałem, własnymi palcami dotykałem takich czarów i dziwów, że doprawdy aż opowiadać strach.

Widzi pan te rozdziawione buzie czytelników? Prosiiiimy!

Był kiedyś listopadowy dzień, jasny. Na drodze błotnistej, w błoto wszędzie zawalonej, ciągnie szary, krótki i niedługi – wąż szarych chłopaków i chłopców. Tak samo jak ta żabka niezgrabna skacząc, szli zmęczeni, przytupując niekiedy zmarzniętymi nóżkami, po drodze błotnistej, szarej, wilgotnej. Biedne chłopaki, biedni chłopcy! Przytuleni do siebie, drżeli z zimna, oczki ich były niewyspane, po nocy ciężkiej i ciężkich dniach wielu. Nogi zmoczone w trzewikach podartych, w błocie utytłanych, szli tuląc się często do ziemi, by choć na chwilę przykucnąć i przez chwilę odpocząć. Szli, ciągnęli w dzień 11 listopada, hen! gdzieś pod mury Krakowa.

Ha, to nie bajka. Rzeczywiście 10 listopada 1914 roku prowadził pan legionistów spod Uliny Małej do Krakowa.

Jak róży od cierni, tak bajki od prawdy oddzielić nie sposób. Na ich czele jechał jakiś chłopak, jechał na młodej kasztance. Kasztanka, córa pól i łanów, zalotnie szła w miasto, skąd przyszły biedne chłopaki, w błocie utytłani, w łachmany odziani, skąd przyszli chłopcy, co na grzbietach kubraki zawszone, zapaskudzone insektami, w koszulach brudnych, jak ziemia sama, szli do miasta. Jak żebraki szli, tęskniąc do murów Krakowa, gdzie o schronieniu tylko i o spoczynku marzyli. Jakąż przeszli oni ciężką dolę! Szli noc całą, tak, że śmierć im wszędzie w oczy zaglądała. Szli przez bramy śmierci, czując śmierć za sobą. Szli przez wrota ciasne i duszne, szły te biedne chłopaki.

Z tego, co wiem, ten prawdziwy, a nie bajkowy marsz zakończył pan we własnym mieszkaniu okrzykiem: „Dużo, dużo herbaty i jeść, a najwięcej spać!".
Chłopak jechał na ładnej wiejskiej klaczy, co w złocie słońca złotym włosem lśniła.

Słusznie, trzymajmy się wersji baśniowej.
Klacz szła zalotnie do miasta i kiwała łbem na wszystkie strony. Lecz miasto złym okiem wiejską klacz spotkało. Gdy wchodziła już w pierwsze domy miasta, z góry pędziło straszydło-auto, hucząc i sycząc. I klacz wiejska na zadzie przysiadła, nogami brykała. Prychać nozdrzami ze strachu zaczęła, a ów chłopak uspokajał ją głaskaniem i batem, i zaczął mówić jej o czarach i o dziwach. „Poczekaj, kasztanko, nie tutaj będziesz, w stolicę wejdziesz, w bruki jej kopytami zadzwonisz, lud mnogi patrzeć na cię będzie. Na twoją ładną szyję i na twój ładny włos!... Nie bój się, kasztanko! Próżny strach twój tutaj!...".
I nie wiem, dlaczego to tak było, lecz są czary i dziwy...

...kiedy chłopak jest szczęśliwy.
Czy to na wieżach mariackich, koroną zdobnych, są czarowne słowa, czy hejnały, co godziny liczą, może w dźwiękach zaczarowane mają, czy w wielkim dzwonie Zygmunta, co na Polskę sercem bije, jest siła czarowna, czy w podziemiach Wawelu króle, śpiący snem wiecznym, czary w ustach mają, czy

w trumnie Kościuszki, czy w wielkiej trumnie Mickiewicza głosy w spiże czarów biją, nie wiem i nie powiem. Lecz są czary i dziwy, kiedy chłopak jest szczęśliwy!

Co było dalej, co potem?

Minęło roczków niewiele, latek niedużo, dzień goni dzień, noc nockę prześciga, przyszedł znowu listopada dzień 11. Patrzy znowu kasztanka ta sama, łysym łbem kiwa, a świat zaczarowany przed jej oczami się przesuwa. W stolicy bruki pod kopytami jej dzwonią i wszystko zupełnie inaczej wygląda. Czar nad czary i dziw nad dziwy. Kasztanka idzie, łbem łysym kiwa i wciąż się dziwi, gdzie chłopiec szary i brudny, gdzie pan mój zawszony!?

I łbem kiwnąwszy, sięga do swego pana. Ten sam – ten samiuteńki, lecz cóż się z nim dzieje? Patrzcie jaki zmieniony! Na piersi gwiazd tyle, ile państw liczy świat. Na piersi wstęga, co kolorem nieba i żałoby o zwycięstwach mówi, o wielkiej wojnie i do niebios o zwycięstwie krzyczy.

Jakbym widział obraz Kossaka.

Grzmią bębny warkotem okrutnym. Brzmią trąby mosiężne krzykiem, wołając żołnierzy. Idzie lud zbrojny, idzie twarda w zbrojach piechota, hełmy na nich stalowe, świecą lufy żelazne, idą krokiem twardym, miarowym, idą po zwycięstwo. Za nimi, w spiże zamknięte, ciężko i twardo idą armaty. Wśród ognia szły konie, prężąc ciała, wielkich armat ciężkie koła bruki przebijają, aż szyby się trzęsą. Za nimi malowane ułany nad ułany. Jedni idą konni, drudzy spieszeni, a trąby mosiężne i warkot bębnów, fanfar odgłosy o zwycięstwie mówią.

Silni, zwarci, gotowi.

Świat cały jest zaczarowany! Kasztanka łbem kiwa i wciąż się dziwi, że są czary, bo są dziwy, kiedy chłopak jest szczęśliwy. Świat zaczarowany, przemiany ogromne. Skąd idą! Dokąd płyną? Czy z bajek i czarów? Czy z czego innego?

Jaki jest morał tej bajki?

Dumny być mogę, bo dnia 6 sierpnia rozpocząłem karierę bajeczną i nieznaną w dawnej Polsce, karierę człowieka, który z człowieka nieznanego, człowieka, od którego wszyscy uciekali, stałem się człowiekiem, którego cała Polska ma obowiązek witać jako Naczelnika Państwa. Tak bajeczną i błyskawiczną karierę rzadko się w życiu narodów spotyka; trzeba, powiadają, do tego szczęścia; szczęście mam, ale chciałbym dodać, że trzeba czegoś innego. Ja swój egzamin życiowy zdałem.

Natomiast chciałbym, by każdy z was, kładąc się do grobu, tak samo dumnie o sobie mógł te same słowa powiedzieć: „Zdałem egzamin życiowy".

Boi się pan śmierci, panie Marszałku?

Bramy przepastne śmierci dla niektórych nie istnieją.

Nie, nie pytam o nieśmiertelność.

Gdy umrę, wróci okradanie Polski i rządy partyjne, bo choć częściowo ludzie się zmienili, została stara forma i powrót do niej będzie możliwy.

Rozumiem, że boi się pan o Polskę. Ale ja pytam o to, czy boi się pan tego, co potem?

Jest prawda twarda i harda o żołnierzach. Wszyscy mamy jedną wspólną siostrzycę, władającą nad pracą naszą żołnierską. Jest nią śmierć, ścinająca kosą tego, na którego palec Boży wskaże.

Pani z kosą wiele razy zaglądała panu w oczy. Podczas bojów legionowych nieraz był pan pod ogniem. Jakie to uczucie?

Istotnie! Kiedyś z daleka rozległ się znany mi z boju pod Laskami cichy, lecz głuchy odgłos strzału – ciężka artyleria. Zaraz potem rozległ się powolny lot pocisku. Ten odgłos gdzieś z góry zbliża się tak powoli, że oko bezwiednie szuka go w powietrzu.

Pocisku nigdy nie widać, słychać tylko świst. Ten odgłos jest jak herold śmierci.

Złowrogo i nieubłaganie sepleni coś w powietrzu. Jakby mówiło: „Nie ujdziesz. Ja, śmierć pewna, idę ku tobie, a idę powoli, nie spiesząc się, bo chcę widzieć, jak twarz ci blednie przedtem, nim umrzesz!".

Czasami brak czasu na strach.

W tym złowrogim świście pocisków ciężkiej artylerii jest odcień chichotu, chichotu siły, złośliwej, pewnej siebie, leniwie poruszającej się i urągającej bezsilnemu człowiekowi. Nie ma w nim tego pośpiechu, gorączki i krzykliwości polowych armat i ich pocisków.

Ten i kolejne ostrzały pan przeżył.

Pocisk przeleciał powoli nad nami, za chwilę rozległ się wybuch, połączony z jakimś jękiem, jakby ziemia ciężko westchnęła, przyjmując w swe łono tego potwora. Z ulgą oglądamy się wszyscy, kontrolując, gdzie padł pocisk. Z parowu za szosą podnosi się w górę fontanna ziemi, wykwitając stamtąd potwornym kaktusem.

Idąc na akcję pod Bezdanami w 1908 roku, też liczył się pan ze śmiercią. Przypomnę tylko, że razem z towarzyszami z Organizacji Bojowej PPS napadliście na pociąg z pieniędzmi. Byli zabici. Wcześniej napisał pan wytyczne dotyczące swojego nekrologu.
Do Felka…

Perla, pana kolegi z konspiracji.
…lub tego, co mój nekrolog pisać będzie.

Swoją drogą, dyktować komuś tezy do własnego nekrologu…
Nie chcę dopuścić, by gdy oczy zamknę, mego głosu przy tworzeniu mej postaci brakowało.

Może i słusznie. Z tego tekstu do Perla przebija może nie strach czy obawa, ale fanatyzm i jakaś straceńcza determinacja. No i złość, złość na śmierć.
Nie szło mi naturalnie, by dyktować mu ocenę mojej pracy i życia – nie! – miał pod tym względem zupełną swobodę, prosiłem tylko o to, by nie zrobił ze mnie „dobrego oficera lub mazgaja i sentymentalistę…".

Mazgajem nigdy pan nie był, to fakt. Oficerem tym bardziej…
Ani człowiekiem poświęcenia, rozpiętym na krzyżu dla ludzkości. Byłem do pewnego stopnia takim, lecz było to za

czasów młodości górnej i chmurnej. Wtedy to minęło bezpowrotnie – te mazgajstwa i krzyżowanie się dokuczało mi, gdym na to u naszych inteligentów patrzył – takie to słabe i beznadziejne!

Był pan wtedy gotowy na śmierć, choć wszystko dobrze się skończyło, a pan i koledzy przeszliście do legendy.

Napisałem, że walczę i umrę jedynie dlatego, że w wychodku, jakim jest nasze życie, żyć nie mogę. Że to ubliża mi, jako człowiekowi z godnością nie niewolniczą.

No i radził pan, aby inni bawili się w uprawianie kwiatów czy socjalizmu, czy nawet polskości – ale pan nie może!

Chciałem zwyciężać, a bez walki i to walki na ostre, byłem nie zapaśnikiem nawet, ale wprost bydlęciem, okładanym kijem czy nahajką. Nie rozpacz mną kierowała, ale chęć zwyciężenia i przygotowania zwycięstwa.

No i – jak pan napisał – chęć pozostania uczciwym wobec tych, których sam pan, jako dowódca, na śmierć posłał.

Tylem ludzi posłał na szubienicę, że w razie, jeślibym zginął, to byłaby naturalna dla nich, dla tych cichych bohaterów, satysfakcja moralna, że i ich wódz nie gardził ich robotą, nie posyłał ich jedynie jako narzędzia na brudną robotę, zostawiając sobie czystą.

Zastanawiał się pan kiedyś, co będzie, gdy pana zabraknie?

Kiedy umrę, dopiero dziwy będą się działy!… Kroki, głośniejsze niż dotąd, rozlegną się w Belwederze – a kiedy wpadną może ci, którym dziś moja osoba nie daje spać spokojnie, ujrzą

mnie tam, w dawnym moim pokoju, opartego o biurko, z na-
marszczoną brwią... Nawet po śmierci spokoju im nie dam!

Świetny żart. Ale ja na serio pytam.
Moim dramatem jest, że nie zostawiłem następcy.

Ani syna.
Dobrze, że nie mam syna, bo od wielkiego człowieka wy-
magano by także wielkości.

Wróćmy zatem do bajki.
Panie, panowie, którzy mnie teraz czytacie. Pozwólcie, bym
skończył życzeniem na dzień 11 listopada przyszłego roku. Nie
wiem, jak powita nas 11 listopada przyszłego roku. Może nam
szyby deseniami szronu przesłoni, a dachy i ulice śniegiem
przyprószy. A może przywita nas wichurą, co w szyby dzwoni
i kominach jęczy? I o śmierci mówi i o strachach krzyczy.
Wiem za to, że ten listopad wskrzeszenie ciał z odrodzeniem
duszy siłę i piękno w jedno razem zwije. Bo wierzę, że wszystkie wichury złamiemy i tarczę obronną przeciw wiatrowi znajdziemy.

Pięknie powiedziane. Oby!
I może uśmiechnie się słońce tak, jak uśmiechało się w cza-
rownym dniu 11 listopada 1918 roku? I słonko jesienne lica
przygrzeje i wtedy znajdziemy wspólny uśmiech szczęścia z bytowania z duszą wielką i odrodzoną.

Sam pan nie wie, jakie nadzieje pan teraz rozbudza.

Życzę paniom tego, i panom, i miłym dzieciom... Do widzenia państwu!

Źródła:

List do Feliksa Perla pisany tuż przed akcją pod Bezdanami w 1908 r., *Pisma zbiorowe*, t. 2, s. 298–300.

Mowa na zjeździe legionistów w Kielcach z 8 sierpnia 1926 r., *Pisma zbiorowe*, t. 9, s. 42.

Przemówienie na zjeździe legionistów w Krakowie 5 sierpnia 1922 r., *Pisma zbiorowe*, t. 5, s. 273.

Przemówienie przez radio w ósmą rocznicę odzyskania niepodległości z 11 listopada 1926 r., *Pisma zbiorowe*, t. 9, s. 48–52.

ANEKS
TA PIERWSZA

Listy do Leonardy Lewandowskiej,
pisane z zesłania na Syberii

Kireńsk 25/III [1890 r.]

Kochana Olesiu! Dziękuję ci bardzo żeś napisała z Ust'kutu przyznam się niepokoiłem się niekiedy o ciebie myślałem że mogą ci w niektórych miejscach stawiać trudności, lecz i to prawda żeś jechała dotychczas tylko po kireńskim okręgu a co będzie w innych okręgach jeszcze niewiadomo lękam się też byś nie przemarzła za Kaczugiem gdzie zdasz większą część swych ciepłych rzeczy. Teraz zawsze gdy wyjdę na ulicę myślę o tobie, gdy wiatr – gniewam się, że tobie musi być niedobrze gdy noc światła i księżyc jasno świeci cieszę się że możesz bez wypadków jechać i nocą. [...] Ty pytasz co ja robię. Boże ty mój rano wstaję idę do Awerburga peckam się u niego do późnego wieczora. Chwała Bogu roboty wiele a ja ją jeszcze rozciągam żeby dłużej przebyć tam później wracam do domu piję herbatę chodzę po pokoju myślę o tobie, wspominam lepsze czasy, to pomyślę trochę o przyszłości poczytam trochę no i walę się spać ot i wszystko. Zrobiłem się tylko trochę rozdrażniony... [...].

26/III [...] Słowem napisz o wszystkiem wszystkiem co tylko tobie do głowy przyjdzie chociażbyś plotła jak to się mówi trzy po trzy to i temu byłbym rad, gdyż czułbym ciebie koło siebie. A jak mnie Olesi nie staje!

Kireńsk 8/IV

[...] Piszesz że tobie tęskno bezemnie, droga ty moja, gdy się tak przywiąże do człowieka jak my z tobą gdy się z nim bok obok przeżyje czas pewien wtedy po rozstaniu każden drobiazg przypomina przeszłe czasy. U ciebie teraz to nie tak silnie się odzywa a u mnie te same miejsca te same wrażenia, tylko teraz ja jeden je otrzymuję i nie dzielę się tem z nikim, wrażenia ja mówię nie w jakim wysokim sensie nie w najzwyklejszym. [...] No a dalej w czasie świąt jadłem piłem et caetera nawet w końcu całą noc w grałem w winta (było to wczoraj). Ot widzisz bawię się jak umiem i nie moja już wina że czegoś czy raczej kogoś mi nie staje (a czyja mileńka?). Dziękuję ci serdecznie za telegrammę; a co widzisz kochana Leosiu, jak to dobrze wychodzi już szanowna Pani zupełnie swobodna, gdzie się pani przeczucia i temu podobne bzdurstwa podziały, czy nie stracisz tego (*pardonnez le mot*) nierozumnego przekonania że tobie nic się nie udaje że wszystko idzie na przekór twoim żądaniom i z twoich nikogo z Rosyi nie wysłali do Syberyi i ciebie nie zostawią tutaj. Daj pokój Olesiu nie obrażaj Pana Boga takiemi myślami. Wiem że trzeba ci Ziuczka ależ nie wszystko się daje człowiekowi, a oprócz tego teraz choć krucha ale zawsze nadzieja przyświeca że może i pojadę z tobą do Rossyi. [...] Zdrowie moje ni to ni sio od tego czasu gdy jeszcze przy tobie zaczęło coś trząść się w ciele nie poprawiam się bardzo, jestem osłabiony, męczę się prędzej niż to było pierwej, tak że dziewiąty rober w czasie winta ledwie usiedziałem ale w ogóle nie gorzej niż to było przy tobie teraz nawet lepiej gdyż rzadziej bywa bicie serca i trzęsienie się. Widzisz jak dokładnie ci opisuję swoje zdrowie przy pierwszym zobaczeniu się dasz mi za to po porządku wszystkie paluszki na łapkach wycałować (wszak

niewiele żądam). [...] Aha: piszesz Lola *kwardatna*. To po kacapsku moja miła a po polsku *kwadratowa*. Omyłki w twoim
liście są ale niezbyt już wiele. Jedno ci tylko powiem, że ty w pi-
saniu rz i ż przypominasz mi Wilczyńskiego który pisząc po rosyjsku nie chce rozpatrywać gdzie jest gdzie pisać *jat* a gdzie *je*
i pisze wszędzie albo jedno albo drugie ty też zdaje się wszędzie
piszesz rz. Tylko mileńka ty moja nie zrażaj się tem że ja niekiedy pośmieję trochę z twojej pisaniny polskiej nie myśl wiele nad
ortografią a to listy twoje nie będą tak bezpośrednio płynące od
ciebie jak to jest teraz, i jeszcze jedno na miłość Boga pisz ty
wszystkie przy i przez przez rz a nie sz ty takim sposobem zupełnie przeinaczasz język, no przepraszam mileńka za te uwagi nie
gniewaj się za to na mnie i pisz choć z omyłkami ale po polsku
bo po kacapsku jakoś nieprzyjemnie będzie otrzymywać od ciebie, *mojej* Olesi, listy. [...]

Kireńsk 22/IV

Kochana Leosiu! Dziś nie otrzymałem listu od ciebie a oczeki-
wałem go, ma się rozumieć zawód podobny nie należy do przy-
jemnych, cóż robić sądzę że nie mogłaś napisać i rzecz skoń-
czona nie sądź bym za to miał pretensyę do ciebie, tem bardziej
że jest to jak raz odpowiedź twoja na przepuszczoną pocztę
z mojej strony. […]

(na górnym marginesie pierwszej strony):
nie chciałem ci pisać ale niedobra ty Olesieńko że nie na-
pisałaś

Kireńsk 19/V 90 r.

Droga moja Olesieńko! Serdecznie ci dziękuję za twoje długie listy, nie masz wyobrażenia jaką mi one sprawiają przyjemność, każden raz po przeczytaniu twego listu czuję tak jakgdybym pogadał z tobą od razu wspomnienia mię ogarniają *„Minuwszeje prochodit predemnoju wołnujaś' kak morie okiean"* jak widzisz nastrajają aż mię nawet poetycznie! [...] ...być może że 19 marca widzieliśmy się bodaj czy nie ostatni raz a w każdym razie musiało to być pożegnanie na długo bardzo długo. Zawsze w takich chwilach gdy myślę o tem wydaje mi się że gdyby mi pozwolono było znowu zacząć od 4 lipca zeszłego roku tobym inaczej sobie prowadził, zawsze mi się zdaje że nie dostatecznie byłem z tobą że nie dostatecznie nacieszyłem się z tobą i na koniec że nie umiałem postępować tak jakbym musiał postępować. Dzień za dniem przechodzą w mej pamięci i ja żałuję tych dni gdy stosunek nasz zdawał się być najzwyklejszym stosunkiem, lecz głównie męczy mię to, że nie zdołałem ani w części spełnić swego zadania, które przed tem tak jasnym mi się przedstawiało. Ty się domyślasz o czem ja mówię. Ja jestem pewnym że moje „ja" w niczem dodatnim nie wpłynęło na ciebie. Twój pogląd ogólny został ten sam co i był pierwej co byś ty nie mówiła, ja to czuję. Nawet więcej mnie się zdaje, że spotkanie nasze w drodze życiowej być może dodało tobie goryczy w twych myślach. Nie chcę ci objaśniać dlaczego tak myślę ale tak przynajmniej teraz sądzę. Ja nie przeczę, kochana Leosiu, że stosunek nasz wiele ci chwil w Kireńsku uprzyjemnił, że nawet na pewien czas zrobił cię spokojniejszą lecz. no ale dosyć o tem nie chcę teraz gadać o tem by nie wywoływać wilka z lasu by melencholja cię opanowała. Jeżeli to tobie nieprzyjemne co tu napisałem przebacz kochana Olesieńko, pisałem to co czułem, a myśli te dyktowała mi moja miłość ku tobie. [...]

Tunka 24/VI [VIII] 90.

Leosiu! Nie pisałem ci tak długo, dlatego że nie miałem siły i serca ci powiedzieć, że stosunek nasz taki jakim był nadal pozostać
nie może. Leosiu! Zapomnij o mnie, jam ciebie nie godzien i jeżeli możesz przebacz mi. Chciałbym... lecz nie wszystkiego
cobym ci chciał powiedzieć papieru nie starczy więc wszystko
jedno Miła, droga bądź szczęśliwa. Dowidzenia może na zawsze.

Tunka 16/IX

Kochana Olesiu! […] Chcesz wiedzieć, co mnie skłoniło do na-
pisania ostatniego listu do ciebie. Miła Leosiu! Detalicznie opisać ci tego nie mogę. Osobiście mógłbym ci to powiedzieć.
Lecz zrozumiej, że *listownie* nie mogę ci mówić o rzeczach,
gdzie zamieszaną jest tajemnica trzeciej osoby. W ogóle zaś
oto, co zaszło. Ja kochając ciebie oddałem się drugiej osobie. Ja
piszę, kochając ciebie, gdyż pomimo że starałem się wmówić
w siebie, że tak nie jest, miłość moja ku Tobie, Droga Leosiu,
była silniejsza, jak to się ostatecznie okazało. Zrozumiesz więc
łatwo, że postąpiłem bardzo nieładnie. Stosunek ten był bardzo
krótkim, gdyż z powodu istnienia we mnie innego uczucia stosunek ten i dla mnie, i dla niej był zbyt męczącym. Skończyło
się na tym, żeśmy się rozeszli, ona z goryczą na mnie, ja jeszcze
z jedną plamą w mym życiu. Oto więc co było. Ty mię pytasz
Leosiu czemu ci napisałem taki list bez wymienienia przyczyny
i powodu zerwania stosunku. Droga, miła! Cóżem ci miał pisać. Pisałem ci ten list z rana po nieprzespanej nocy, którą spędziłem kompletnie jak waryat, pisałem ci go płacząc nieledwie.
Napisać ci ze cię nie kocham – nie mogłem gdyż byłoby to nie-
prawdą. Zostawiać stosunek z tobą w dawniejszym stanie, to jest
oszukiwać ciebie też nie byłem w stanie. Napisałem więc to co
w danej chwili czułem i myślałem. Ot masz i wszystko. Kochana,
(chciałem powiedzieć moja lecz się wstrzymałem) jeszcze jedno ci powiem: Nie umiem ci wyrazić tej radości gdy otrzymałem twój list w którym spostrzegłem że ty miła Leosiu, z tych
kilku słów, które ci napisałem, prawie zrozumiałaś mój stan
i powody, które mię skłoniły do tego kroku i że ty możesz prze-
baczyć mi i zapomnieć o tem. Lecz proszę cię o jedno. Pomyśl
o tem czy możesz zupełnie puścić to w zapomnienie czy możesz

potem wszystkiem czuć tak samo jak dawniej i mieć ku mnie zaufanie. Ja cię proszę pomyśl o tem silnie i seryo, gdyż jeżeli to niemożebne, to my nawet kochając się wzajemnie będziemy tylko sobie zatruwali życie. Takbym chciał mieć od ciebie odpowiedź. Oto co Leosiu jeżeli ty po dojrzałym i dobrym namyśle przekonasz się że ten wypadek nie zostawi śladu nie mówię w stosunku twoim ku mnie lecz w twem sercu i uczuciu zatelegrafuj mi tak: „Piszi". Jeżeli zaś przekonasz się, że po zaszłem ty nie możesz patrzeć na mnie tak jak dawniej nie zwracaj uwagi na to, że będzie to na razie ciężko, pomyśl wszak to cała przyszłość od tego zależy, wtedy telegrafuj: „Nie piszi". [...]

Tunka 15/X

Kochana moja Olesieńko! [...] Teraz już zupełnie ustanowiłem się w Tunce, trochę się nawet do niej przyzwyczaiłem. Mieszkam jeden i sam już teraz prowadzę gospodarstwo. [...] Jak ja gospodarzę trudno ci to opowiedzieć. Przez dzień palę w piecu niekiedy raz w tydzień zagotuję sobie jakiekolwiek świństwo a to tak poprzestaję na herbacie mleku i jajach. Długo nie mogłem przybrać się do wymiatania i u mnie było tak brudno że aż strach, na koniec dzisiaj wymiotłem pokój ot i całe moje gospodarstwo. [...] Ach Olesieńko jak chciałbym teraz właśnie gdy jesteś w kraju być z tobą widzieć ciebie. Ale do tego zostało jeszcze całych półtora roku i to jeżeli mnie nie dodadzą jakich parę latek. Półtora roku to nie żarty. [...] Aha Leosieńko co ja ciebie chciałem prosić. Wiesz w listach swoich ty tak straszne herezye wypisujesz po polsku że aż włosy stają na głowie. Czytaj Leosieńko po polsku jaknajwięcej zrób to dla mnie jak tak chciałbym żeby moja Olesieńka dobrze umiała po polsku. [...]

Źródło:

Władysław Pobóg-Malinowski, *Nieznane listy Józefa Piłsudskiego*, „Zeszyty Historyczne", Instytut Literacki, Paryż, 2/1962, s. 142–229.

SPIS TREŚCI